하루키는 언제나
만남을 이야기했지

Original Japanese title: MURAKAMI HARUKI DE DEAU KOKORO
Copyright ⓒ 2025 Toshio Kawai
Original Japanese edition published by Asahi Shimbun Publications Inc.
Korean translation rights arranged with Asahi Shimbun Publications Inc.
through The English Agency (Japan) Ltd. and AMO AGENCY

이 책의 한국어판 저작권은 AMO에이전시를 통해
저작권자와 독점 계약한 (주)바다출판사에 있습니다.
저작권법에 의해 한국 내에서 보호를 받는 저작물이므로 무단 전재와 무단 복제를 금합니다.

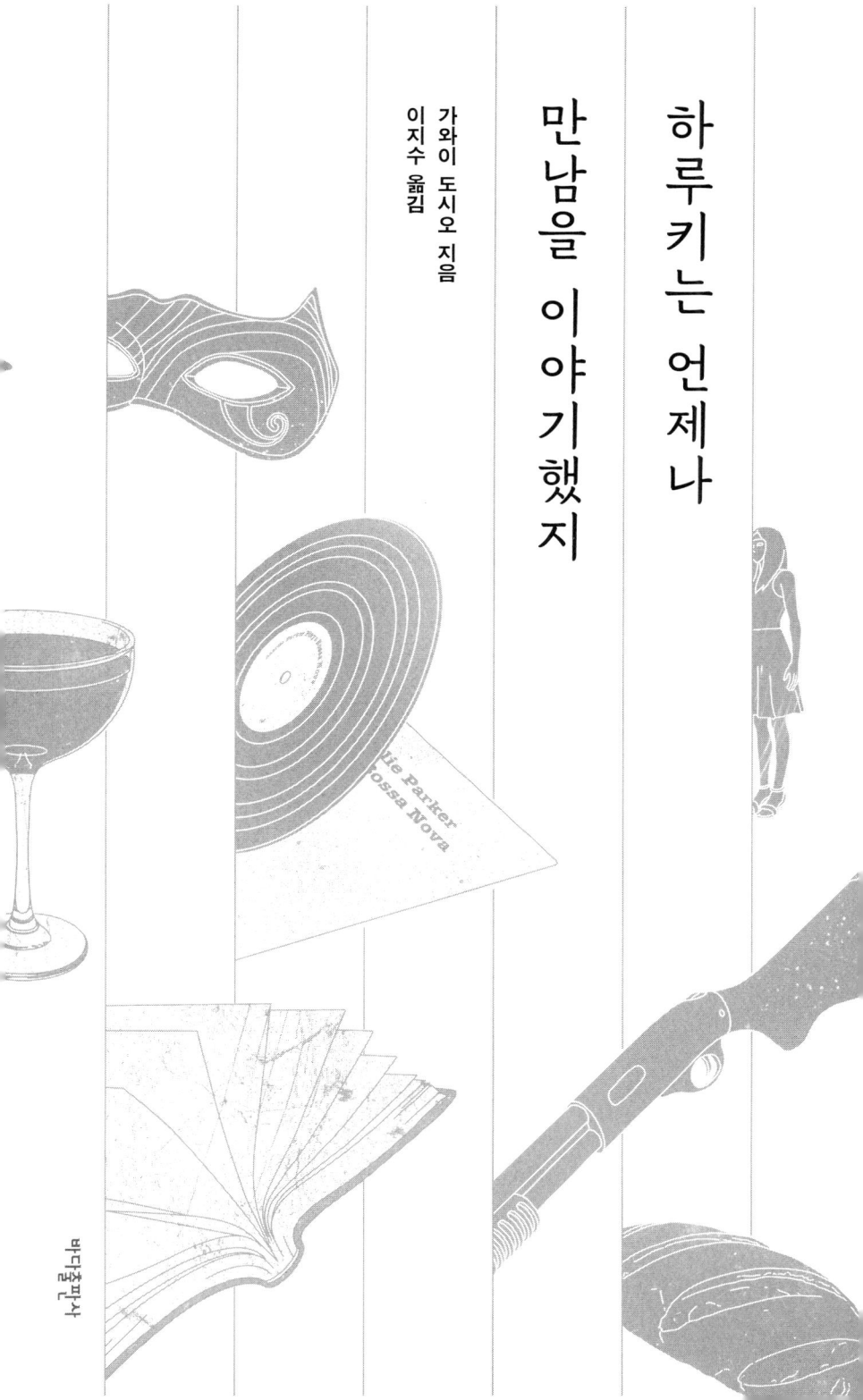

하루키는 언제나 만남을 이야기했지

가와이 도시오 지음
이지수 옮김

바다출판사

일러두기
— 본문에서 장편소설 제목은 겹화살괄호(《 》)로, 단편소설 제목은 홑화살괄호(〈 〉), 그 외 음악, 그림 등의 제목은 홑낫표(「 」)로 표기하였다.
— 본문에서 무라카미 하루키의 작품 인용문을 포함하여 볼드 처리된 단어는 저자가 강조한 것이다.
— 본문의 각주는 모두 옮긴이의 주이다.

들어가며

'만남'이란 무엇일까. 어쩌면 만남이라는 것은 평소 맺고 있는 관계로부터 멀어질 때, 혹은 평소 맺고 있는 관계가 별로 없을 때 이루어지는지도 모른다.

달리 전화를 걸 사람이 없었다. 천만 명이나 되는 사람들로 우글거리는 도시 한복판에서, 전화를 걸 수 있는 상대가 단 둘뿐인 것이다. 심지어 그중 하나는 이혼한 아내다.

《양을 쫓는 모험》의 화자는 호텔 바의 전화박스에서 두 사람에게 의미 없이 전화를 걸어 본 뒤 이렇게 한탄한다.
무라카미 하루키의 초기작에 등장하는 대부분의 주인공 또는 화자는 홀로 외롭게 지내거나 연인에게 차였거나 이혼해 있는 탓에, 타인과 별다른 관계를 맺지 않으며 사회에도 관여하지 않고 살아간다. 이러한 특징을 '디태치먼트detachment'* 라고 한다. 이처럼 사람과 사람이 연결되지 않고 살아가는 한편, 예기치 못한 만남이 생겨나 폭력과 섹슈얼리티가 얽혀 드는 경우가 많은 것도 하루키 초기작의 특징이다.

가령 데뷔작 《바람의 노래를 들어라》에서는 화자와 '쥐'라고 불리는 남자의 만남이 그려진다. 처음 만난 두 사람은 무슨 이유에서인지 새벽 네 시가 지나서 쥐의 검정색 피아트 600을 함께 타고 가다가 돌연 돌기둥을 있는 힘껏 들이받는 사고를 일으킨다. 또 어떤 대목에서는 화자가 갑자기 벌거벗은 젊은 여자와 아침을 함께 맞이하는데, 알고 보니 이는 바의 화장실에서 술에 취해 쓰러져 있던 여자를 발견해 그녀의 집까지 데려다준 것이었다. 사람들은 파편화되어 살아가기에 예기치 못한 만남을 마주한다. 디태치먼트의 이면에는 뜻밖의 만남이 숨어 있는 듯하다.

무라카미 하루키의 작품은 《태엽 감는 새 연대기》와 《언더그라운드》를 경계로 디태치먼트에서 '커미트먼트commitment'

---

* '디태치먼트(냉담함, 무심함, 거리 두기)'와 '커미트먼트(책임감, 헌신, 적극적 관여)'는 하루키 작품 세계의 변화를 설명하는 중요한 키워드로, 하루키는 일본의 저명한 심리학자이자 저자의 아버지이기도 한 가와이 하야오와의 대담에서 "커미트먼트라는 것에 대해서 요즘 많이 생각합니다. 예컨대 소설을 쓸 때도 저에게 커미트먼트가 매우 중요해졌습니다. 예전에는 디태치먼트가 중요했는데 말이죠"라는 말을 했다. 본문에서는 문맥에 따라 '커미트먼트'를 '관여' '적극적 개입' '헌신'으로 일부 혼용 표기하고 이탤릭체로 표시했다.

로 변화했다고 알려져 있다. 요컨대 초기 작품에서는 주인공이 사회와의 접점 없이 세상에 무관심하게 살아가지만 나중에는 정계의 배후 세력이나 사이비 종교 집단과 싸우고, 하루키 자신도 직접 나서서 지하철 사린 사건* 같은 사회 문제를 다룬다. 이에 따라 작품 속 인물들의 관계가 변하고 그 질도 달라진다. 《태엽 감는 새 연대기》에서는 화자와 아내가 서로 떨어져 있음에도 이들의 부부 관계가 문제시되고, 《해변의 카프카》에서는 부모 자식의 관계를 다루며, 《1Q84》에서는 아오마메와 덴고의 사랑이 이루어진 듯이 보인다.

이러한 흐름을 이어받아 2020년에 나온 단편집 《일인칭 단수》에서는 그전과는 또 다른 깊이의 만남이 발생한다. 하지만 그 만남은 일상적이거나 지속적인 관계와는 매우 다르게 느껴진다.

이 책에서는 '만남'이라는 모티프를 통해 단편집 《일인칭 단수》를 중심으로 무라카미 하루키의 작품을 살펴보려 한다.

혹은 반대로 무라카미 하루키의 작품을 심도 깊게 읽어 나가며 '만남'의 본질과 현대 사회 속 만남의 모습, 나아가 만남의 가능성을 엿보고자 한다고 말해도 좋다. 이때 내가 단서

---

* 1995년 3월 20일 신흥종교단체 옴진리교가 도쿄 지하철에 맹독 신경가스 사린을 살포해 열세 명이 사망하고 약 육천 명이 중경상을 입은 사건.

로 삼으려는 것은 내 전문 분야인 심리 치료에서 겪은 만남이다. 심리 치료에서는 내담자가 상담자에게 현실과는 전혀 다른 차원에서 이루어진 만남을 이야기하여 그것이 치료 전개에 큰 영향을 끼치는 경우가 많다. 또 이를 지탱하는 치료 관계 자체도 현실의 인간관계와는 달리 일회성 만남이라 할 수 있다. 이러한 심리 치료의 경험을 바탕으로 삼을 때 비로소 하루키 작품 속의 비일상적이면서도 언뜻 기묘하게조차 느껴지는 만남을 이해해 볼 수 있으리라 생각한다. 실제로 하루키 작품의 불가사의는 심리 치료라는 일종의 극한 상황에서 겪는 경험을 통해 마침내 이해될 때가 많다.

  나의 심리 치료에서도 내담자의 꿈 이야기를 상담 재료로 다루는 경우가 잦다. 나는 《무라카미 하루키의 이야기―꿈 텍스트로 읽어 내기》[1]라는 나의 저서에서 하루키의 작품을 꿈 텍스트로 풀어냈는데, 이 방법은 여러 요소가 얽혀 구조가 복잡한 장편보다는 하나의 모티프로 완결되는 단편에 효과적이었다. 하루키의 단편은 대체로 불가사의하고, 독자들이 리뷰에서 자주 토로하듯이 때로는 황당무계하기까지 하며, 뭐가 뭔지 알 수 없는 채로 끝나기도 한다. 하지만 마찬가지로 황당무계하고 무의미하게조차 느껴지는 꿈을 내재적으로 살펴보면 실은 중요한 의미가 담겨 있다는 사실을 알게 되는 것처럼, 하루키의 단편 또한 짜임새가 정교해서 거의 모든 디테일이 의미를 가진다. 따라서 이 책에서는 《일인칭 단수》 속 각 단편을 가능한 한 공들여서 내재적으로 살펴보고자 한다.

'내재적으로'라 함은 어디까지나 작품 속에서 그 의미를 파악해 나간다는 뜻이며, 작가의 체험이나 문학 이론을 적용시키는 등 작품을 바깥쪽에서 설명하지 않는다는 뜻이기도 하다. 이를테면 《일인칭 단수》에 관해 이야기할 때면 작가의 실제 체험과 겹치는 부분을 많이들 언급하지만, 이 책에서는 작중 특정 에피소드가 작가의 실제 체험과 관계가 있다거나 그것을 바탕으로 썼다는 식으로 작품을 파악하지 않을 것이다. 또한 나의 전문 분야는 융 심리학이지만 가급적 융 심리학의 특정 개념을 작품 해석의 중심 도구로 사용하지 않을 것이다. 이처럼 외재적 관점보다 내재적 관점을 취하려 했기에, 《일인칭 단수》에 대한 자료나 다른 논문은 거의 참고하지 않았으며 오히려 해당 작품의 인용이 많아졌다는 점을 미리 밝혀 둔다. 그러한 경우 특히 '만남'이라는 시점으로 작품에 다가가며 고찰에 깊이를 더하고자 한다.

목차

들어가며   5

프롤로그   당신의 저주에 나까지 휘말린 거야   13

이야기를 한다는 것 ｜ 선택하지 않고 떠도는 사람들 ｜ 마음 깊숙한 곳과의 연결 ｜ 다시 찾아온 허기 ｜ 그 만남이 실패한 이유 ｜ 단절 혹은 소멸 ｜ 반성과 트라우마의 극복 ｜ 공유에서 상대가 내놓은 것 ｜ 현대 시스템과 실패한 만남 ｜ 사건의 해결 이후 엇갈림 ｜ 공유물을 잃은 현대 사회

제1장   마침 그때 네가 전화를 줬어   45

우연의 발생과 발견 ｜ 가족 혹은 공동체와의 단절 ｜ 비일상적이고 규칙적인 만남 ｜ 우연의 일치와 공유 ｜ 불가능으로부터 전개되다 ｜ 신체적 특징의 겹침 ｜ 관계는 언제 회복되는가 ｜ 말하지 않아도 이해하는 것 ｜ 원래의 관계로 돌아가기 ｜ 성스러운 것과의 관계 ｜ 우연을 통한 재회

제2장   잠시 만났고, 그대로 멀어졌다   79

그저 그뿐인 만남 ｜ 낭만도 주저함도 없는 ｜ 이름을 부른다는 것 ｜ 특징적 일부에 이끌리다 ｜ 예술을 통한 정서적 교감 ｜ 관계에 여운을 남기다 ｜ 다른 차원에서의 재회 ｜ 더 깊은 곳으로 들어가는 법 ｜ 살아남아 기억될 말들

제3장 만약 까닭이란 게 있다면   105

일상의 공백에서 생겨난 사건 | 사건은 더욱 미궁 속으로 | 신에게 맡길 수 없는 수수께끼 | 결국 잃어버린 목표 | 뜻밖의 인물과 뜻밖의 만남 | 또다시 수수께끼만 남았다 | 공유물로서의 수수께끼 | 전승되는 불가사의의 경험

제4장 그녀는 종소리를 울려 주었는데   131

짧고 근사한 사춘기의 만남 | 아름다움이 끝나는 죽음 | 진정한 공유가 아닐지라도 | 첫 번째 여자 친구 | 큰 이야기와 연애 이야기 | 만남의 실패와 또 다른 만남 | 뜻밖에 비밀을 공유하다 | 죽음과 실패한 만남 | 우연한 공유와 우연한 치유

제5장 자네가 내게 다시 생명을 주었지   163

허구의 인물과 만나기 | 가상 공간에서 이루어진 공유 | 현실과 가상의 우연한 일치 | 영원하지 않은 순간들 | 꿈에서의 생생한 만남 | 설명하기 어려운 경험 | 죽음 이후의 만남과 위로 | 무겐노와 보사노바로부터 | 만남을 기록해 두는 것

제6장 누구나 가면을 쓰고 살아가 187

외모가 관계에 끼치는 영향 | 나 자신의 모습으로 | 첫인상과는 다른 매력 | 거리감을 유지하면서 깊어지기 | 마주하기 두려운 내면의 민낯 | 가면 아래의 평행 우주 | 다른 사람을 통해 밝혀진 관계의 진실 | 외모로 평가하고 싶지 않지만

제7장 부끄러운 줄 아세요 215

다른 나로 살아간다는 것 | 텅 빈 일인칭 단수 | 가장과 죄책감, 그리고 위화감 | 거울을 통해 상대를 바라보기 | 내가 모르는 것을 아는 여자 | 몰랐던 자신과의 만남 | 문득 역겨운 나와 마주하다

나오며 238
옮긴이의 말 244

미주 250
참고 문헌 253

프롤로그

당신의 저주에 나까지 휘말린 거야

《일인칭 단수》의 각 단편을 읽기 전에, 우선 무라카미 하루키의 초기작에서는 만남이 어떻게 나타났는지 알아보려 한다. 이는 초기작을 포함해 하루키 문학 전반에서 나타나는 만남의 본질과 하루키의 작품 속 만남이 내포하는 과제, 나아가 현대 사회 속 만남의 문제까지 명확히 드러내기 위함이다. 그 고찰을 바탕으로 이후의 작품에서 만남의 모티프가 어떻게 전개되고 심화되는지를 들여다보고자 한다. 여기서는 초기작의 예시로 1985년 작 〈빵가게 재습격〉을 살펴보겠다.

이야기를 한다는 것

"빵가게 습격 이야기를 아내에게 한 것이 옳은 선택이었는지 나는 여전히 확신할 수 없다."

단편은 이런 문장으로 시작된다. 뒤이어 이것이 옳은 선택이었는가 하는 논의가 짤막하게 이어지고, 몇 줄 뒤 "나는 **뭐가 어찌 됐든 간에** 아내에게 빵가게 습격에 관한 이야기를 하고 말았다"라는 문장이 나온다.

여기서는 화자가 아내에게 빵가게 습격에 관한 이야기를 해 버렸다는 사실 자체가 강조되어 있다. 어떤 사건은 이야기함으로써 비로소 사실이 되기 때문이다. 이야기하지 않으면 사실이 되지 않는다. 심리 치료에서 내담자가 상담자에게 이야기를 하는 것의 의미가 바로 여기에 있다.[2] 학대당했던 일, 괴로웠던 일, 화가 났던 일은 이야기를 함으로써 비로소 사실이 되고, 살아 있는 것이 된다. 사실이 되면 그로부터 새로운 전개가 생겨나는데 이 단편에서는 그것이 빵가게 재습격으로 이어진다. 그러나 한편으로는 이야기를 함으로써 무언가가 사실로 고정되어 버릴 위험성도 발생하며, 그게 심리 치료나 인생의 장애물이 될 때도 있다.

대체적으로는 어떤 체험을 자기 혼자서만 간직한들 그것이 사실이 되지 않는다. 그래서인지 몇십 년이나 지난 후에 범죄를 고백하거나 자수하는 범죄자도 있다. 혼자서만 생각해 봤자, 혼자서만 알고 있어 봤자 사실이 되지 않고, 그러면 인생에서 새로운 전개가 생겨나지 않으니 누군가와 공유해야 하는 것이다.

"나는 '빵가게 습격'이라는 말을 아내 앞에서 꺼내기 전까지는 내가 예전에 빵가게를 습격했다는 것 따윈 새까맣게 잊고 있었다." 이 문장은 매우 흥미롭다. 사람은 처음부터 알고 있던 것을 이야기하는 게 아니다. 이야기를 하다 보면 뜻밖의 말이 튀어나오고, 거기에는 본인조차 반쯤 까먹고 있었던 것이 포함된다. 그렇기 때문에 정신분석의 '자유연상' 기법이 효과적인 것이다. 자유롭게 이야기를 하다 보면 전혀 예상치 못한 말이 나오고, 나아가 그것은 사실이 되어 새로운 전개를 낳는다. 또 그로 인해 치료가 진척된다.

이야기를 통해 누군가와 무언가를 공유하는 것은 매우 중요한 일이다. 그러나 공유하려고 노력해도 충분히 공유하지 못하는 부분이 생기기도 한다. 이때 문제가 되는 것은 상대와의 만남과 관계의 질이다. 요컨대 이야기하는 상대와 진정으로 만나고 있지 않으면, 혹은 상대와 충분한 관계를 맺고 있지 않으면 공유가 이루어지지 않는다.

게다가 이야기를 통한 공유는 반드시 전체를 공유하는 것이 아니기에 의식적으로 공유하지 않는 부분도 생겨난다. 첫 번째 빵가게 습격에 대해 별일 아니었다는 식으로 아내에게 이야기한 뒤, 화자는 "물론 정말로 아무 일도 일어나지 않았던 것은 아니다. 확실하게 눈에 보이는 구체적인 일도 몇 가지는 분명히 일어났다. 하지만 그에 대해서는 아내에게 말하고 싶지 않았다"라고 서술한다. 이야기를 할 때 모든 것을 공유할 필요는 없으며, 실제로 그렇게 하려고 해 봤자 그럴 수도 없다. 언어화하면 오히려 이야기가 망가져 버릴 때, 이야기한들 공유되지 않으리라는 것을 미리 알 때도 있다. 하루키의 다른 작품에서도 공유가 이루어지지만 특정 부분에 대해서는 이야기하지 않는 경우가 매우 많으며, 이 책에서도 그 지점을 다룰 것이다. 그러나 앞의 문맥에서 화자가 아내에게 전부를 말하지 않는 것은, 앞으로의 이야기 진행 속에서 아내와의 공유가 불충분하게 끝나리라는 강한 조짐처럼 보인다.

선택하지 않고 떠도는 사람들

서두에서 화자는 아내에게 빵가게 습격 이야기를 한 것이 옳은 선택이었는지에 대해 다소 복잡한 논의를 스스로 펼쳐 나가는데, 그 가운데 **"우린 실제로는 아무것도 선택하지 않았다는 입장을 취할 필요가 있다"** 라는 문장이 등장한다. 이 문장에 주목하여 디태치먼트와 리얼리티의 관계를 살펴보고자 한다.

무언가를 선택하려면 주체성이 뚜렷해야 한다. 흔한 선택의 예시로 우리는 직장에서 점심 식사를 하러 갈 때 식당을 고르고, 나아가 그 식당에서 무엇을 먹을지 고른다. 일본인은 주체성이 뚜렷하지 않은 모양인지 다른 사람의 선택에 신경을 쓰며 남에게 맞추는 경향이 일반적으로 강한 듯하다. 반면 주체를 중심으로 대상을 명확히 설정해 하나를 선택하고 나머지를 선택하지 않는(부정하는) 것은 지극히 근대적인 의식의 특징이다. 선택이라 하면 무언가를 고른다는 긍정적인 측면에 주목하기 쉽지만, 실은 다른 것을 고르지 않겠다는 뜻이자 부정이기도 하다. 선택의 문제에서는 이 부분을 살펴보는 것 역시 중요하다.

 이탈리아의 철학자 조르조 아감벤은 허먼 멜빌의 《필경사 바틀비》를 분석하며 라이프니츠의 분류에 근거해 '가능성' '불가능성' '필연성' '우유성偶有性'*이라는 네 가지 양식을 예로 들었다.[3] 사회학자 오사와 마사치의 해설을 참조해[4] 이를 살펴보면, 전근대 세계의 특징은 '필연성'이다. 공동체 안에서 누구와 결혼할 것인가, 무슨 일을 할 것인가 등에는 필연성이 존재했으며 이는 주체적인 선택이 아니라 운명이나 필연에 따르는 것이었다. 앞서 언급한 양식으로 분류하면 '가능성'이 '하는 것'을 '할 수 있는' 것인 반면, '필연성'은 '하는 것'을 '하지 않는' 것을 '할 수 없는' 것이다. 한편 개인이 공동체로부터 자립한 근대적 의식의 특징은 선택을 할 수 있다는 '가능성'이다. 예를 들어 미국은 패스트푸드점부터 의류 쇼핑에 이르기까지 선택의 문화로 이루어져 있으며, 그런 면에서 근대적 의식이 극에 달해 있다. 또한 가능성은 불가능성이라

---

* 사물이 일시적으로 우연히 가지게 된 성질.

는 반대의 양태로 보완된다. 가능성을 추구하지만 궁극적으로는 불가능하거나, 또는 반대로 불가능하기 때문에 가능성을 추구하는 것은 근대적 의식이 가지는 욕망의 특징이다.

소비 문명 속 사람들은 주체적인 선택을 하는 듯이 보여도 실제로는 광고와 같은 외부 자극에 의해 특정한 선택을 강요당한다. 이러한 사실이 명백해졌기 때문인지 그 흐름에서 벗어나 선택하지 않거나, **선택하지 않을 수도 있다**는 우유성이 발생한다. 이 부분이 포스트모던적 의식의 특징일 것이다. 다시 말해 아무것도 선택하지 않고 떠돌아다니며 그 무엇에도 관여하지 않는 것은 근대적 의식의 부정 이후에 나타난 포스트모던적 의식이자 디태치먼트라는 방식과도 부합한다. 선택하지 않고, 표류하고, 떠돌아다니는 가운데서는 아무런 리얼리티도 없다.

그러나 타자와의 연결 없이 고립된 사람이 폭력적인 만남이나 성적인 만남을 마주하기도 하듯이, 디태치먼트는 그대로 끝나지 않고 강렬한 리얼리티에 직면한다. 그 리얼리티가 이 단편에서는 견딜 수 없을 정도의 허기로 나타난다.

"그때 나에게 빵가게 습격을 떠올리게 한 것은 견딜 수 없을 정도의 허기였다. 시각은 새벽 두 시 전이었다."

"그것은 말도 안 될 만큼 압도적인 허기였다."

이런 강렬한 리얼리티를 마주하고서도 화자와 아내에게는 대처할 수단이 없다. "그러나 냉장고 속에는 음식이라 부를 만한 것이 하나도 없었다."

두 사람은 이제 막 결혼해서 이런저런 준비를 해 나가는 중이었다. "우리는 고작 이주쯤 전에 결혼해서 식생활에 관한 공동 인식이란 것을 아직 명확하게 확립해 두지 않았다. (중략) 그 무렵 나는 법률사무소를 다니고 있었고, 아내는 디자인 스쿨에서 사무직으로 일하고 있었다. 나는 스물여덟 아니면 스물아홉이었고(어찌된 영문인지 결혼한 해가 도무지 기억나지 않는다), 아내는 나보다 2년 8개월 어렸다."

이 부분을 어떻게 해석해야 할까. 결혼이라는 첫 번째 만남이 있었다고 해도 신혼이란 아직 진정한 만남이나 연결을 이루지 못한 상태라고 볼 수 있다. 결혼을 했어도 심리학적으로는 여전히 상대를 '만나지' 못한 사람이 많으며, 그 사실이 심리 치료를 받으며 명확히 드러나는 경우도 드물지 않다. 그렇다면 두 사람은 이 허기에 어떻게 대처할까?

"차를 타고 나가서 밤새 영업하는 식당을 찾아보자." 내가 말했다. (중략)

하지만 아내는 나의 제안을 거부했다. 밖에 나가서 밥을 먹긴 싫다는 것이다.

"자정 넘어 밥을 먹으러 외출하는 건 뭔가 잘못됐어." (중략)

결혼 초기에 흔한 일인지도 모르지만, 아내의 그런 의견(혹은 테제)은 내 귀에 일종의 계시처럼 들렸다.

이 단편은 부부 사이에 관한 이야기로도 읽을 수 있으며, 신혼 때의 심리 상태를 보여 주기도 한다. 요컨대 두 사람은 서로를 아직 진정으로 만나지 못했고, 동시에 상대 혹은 상대의 생각을 절대시하고 있다. 통상적인 부부라면 시간의 흐름에 따라 상호 교류를 통해 점차 상대적으로 변하겠지만 여기서 화자는 그저 아내의 의견에 따른다.

마음 깊숙한 곳과의 연결

결혼하긴 했으나 무엇에도 관여하지 않은 채 표류하는 듯한 화자를 덮친 허기는 디태치먼트 앞에 불현듯 나타난 리얼리티이자 하나의 만남이다. 화자는 그 허기를 "식당에서 간편히 채워서는 안 되는 특수한 굶주림"이라고 칭하며, 나아가 그 "특수한 굶주림"을 하나의 장면으로 제시한다.

① 나는 작은 보트를 타고 고요한 바다에 떠 있다.
② 아래를 내려다보자 물속에 해저 화산의 꼭대기가 보인다.
③ 해수면과 그 꼭대기 사이는 그리 멀지 않아 보이지만 정확히는 알 수 없다.
④ 왜냐하면 바닷물이 너무 투명해서 거리가 얼마나 되는지 감이 안 잡히기 때문이다.

이는 매우 흥미로우면서도 알기 쉬운 비유이다. 심리학의 단순한 상징 해석으로 살펴보면 바다는 마음 전체 또는 그 깊이까지 포함해 무의식으로 볼 수 있으며, 해수면에 떠 있는 보트는 의식으로 볼 수 있다. 우리가 의식하고 있는 부분은 지극히 일부일 뿐이고 그 아래로는 드넓고 깊은 마음의 영역, 즉 무의식의 영역이 펼쳐져 있다. 예를 들어 배를 타고 낚시하는 꿈은 무의식에서 무언가를 붙잡아 의식으로 가져오는 이미지로 해석할 수 있다.

보통 배나 보트는 특정한 목적지를 향해 나아가지만, 바다에 가만히 떠 있는 보트는 **방향성이 없는 의식**을 나타낸다. 이는 '아무것도 선택하지 않았다'와 대응하여 화자의 의식을 상징적으로 절묘하게 드러내는 부분이다.

한편 바다 밑바닥보다 더 깊은 곳이 없다는 것은 무의식이나 마음의 깊은 밑바닥을 상징한다. 그런데 해저 화산의 마그마는 해저보다 더욱 깊은 곳에서 솟아나고 있으므로, 화산은 전혀 다른 차원에서 오는 수직적인 힘을 뜻한다. 융 학파의 심리 치료에서는 밑바닥을 파랗게 칠한 모래 상자에 미니어처로 풍경을 만드는 '모래 놀이 치료'라는 방법을 쓸 때가 있다. 내담자가 모래 상자에 화산을 놓는 경우도 많은데, 이때 화산은 잠재적인 에너지를 상징한다고 본다. 이 단편 속 해저 화산은 화산이면서도 숨겨져 있다는 것이 특징이다. 허기로 덮쳐 온 절박한 리얼리티는 해저 화산의 에너지로 상징되며 평소에는 모습을 드러내지 않는다. 그리고 바로 이것이 화자가 만나야 할 대상이다.

취약한 커미트먼트, 엷어지는 관계, 디태치먼트 등을 인간관계의 차원에서 생각하기는 쉽다. 그러나 커미트먼트가 취약하거나 관계가 엷어지는 이유는 우리가 다른 차원의 무언가와 연결되어 있지 않기 때문이다. 융은 이를 '거대한 연결의 상실'[5]이라고 일컬었다. 다시 말해 저세상, 신의 세계, 초월적인 세계와 연결되어 있지 않은 탓에, 현대적으로 말하자면 자신의 마음 깊숙한 곳과 연결되어 있지 않기 때문에 우리는 현실적인 관계를 맺지 못하는 것이다.

무라카미 하루키의 초기작뿐만 아니라 그 이후의 작품에서도 한동안 사람들은 서로 연결되지 않으며 사랑도 이루어지지 않았다. 《스푸트니크의 연인》에서 '나'는 소설가를 지망하는 신비로운 젊은 여자 스미레를 사랑하지만 이어지지 못한다. 스미레는 뮤라는 수수께끼로 가득한 연상의 여성을 사랑하지만 역시 이어지지 못한다. 그리고 스미레는 뮤와 함께 휴가를 보내던 중 홀연히 '저쪽'으로 모습을 감추고 만다. 한편 뮤는 우연히 갇혀서 하룻밤을 보낸 관람차에서 저쪽 세계에 있는 성적으로 자유분방한, 자신의 분신 같은 존재를 보지만 이어지지 못한다. 이 작품은 사람들이 서로 이어지지 못하는 이유가 저쪽 세계와의 연결이 끊겼기 때문이라고 암시하는 듯하다.

그런 의미에서 해저 화산은 저쪽 세계의 현현顯現이라고 할 수 있다. 우리는 상대와 수평적으로 이어지려 하지만, 실은 수직적 차원의 연결이 중요하다. 우리가 표류하고, *관여하지 않고*, 상대와 이어지지 못하는 이유는 해저 화산과 연결되어 있지 않기 때문이다. 이 해저 화산의 이미지는 그러한 수직적 차원의 연결이 중요하다는 점을 보여 준다.

다시 찾아온 허기

"이렇게 배가 고픈 건 난생 처음이야" 하고 아내가 말했다. "이게 결혼한 거랑 관계가 있을까?"

해저 화산에서 솟아나는 수직적 힘은 허기로 나타나고, 그 감각은 아내와 공유된다. 반면 아내는 수직적인 것을 수평적 차원인 결혼 및 부부 관계와 연관시킨다.

이는 정신분석의 전략과 비슷하다. 정신분석에서는 내담자에서 상담자로의 전이와 그 반대인 역전이*를 중시하여, 이른바 '무의식'에서 의식으로 떠오르는 수직적 충동 같은 것을

---

* 전이는 내담자가 과거의 중요한 인물에게 느꼈던 감정이나 생각 등을 상담자에게 무의식적으로 투영하는 것, 역전이는 반대로 상담자가 자신의 경험이나 감정 등을 내담자에게 투영하는 것을 말한다.

치료 관계와 연관 지어 수평화한다. 예컨대 내담자에게 분노가 일어나거나 의존 욕구가 생기면 그것은 상담자에 대한 분노인가, 아니면 상담자에게 의존하고 싶은 것인가, 하는 식으로 치료 관계와 연관 지어 상담의 관계 속에서 다루도록 한다. 수직의 수평화는 상담 이외의 상황에서도 발생한다. 가령 업무에서 좋은 아이디어가 떠오르지 않을 때 그 좌절감을 파트너에게 퍼붓는 식으로 말이다.

화자는 이때 다시 해저 화산의 이미지를 상상하고 명치 안쪽에 구멍이 뻥 뚫리는 듯한 기분을 맛본다. 그리고 "몸속에서 느껴지는 그 기묘한 결핍감—부재가 실재한다는 감각—은 높다란 첨탑 꼭대기에 올라갔을 때 느끼는 공포의 전율과 어딘가 비슷한 듯했다"라고 서술한다. 해저 화산에 이어 높다란 첨탑이 나오며 수직성을 지닌 메타포가 연신 등장한다는 점이 흥미로운데, 그다음 장면에서 전환이 일어난다.

화자는 지금과 같은 허기를 예전에도 경험했음을 깨닫고, 빵가게를 습격했던 일을 떠올리며 자기도 모르게 "빵가게를 습격했을 때야" 하고 말한다. 이로써 마침내 아내와의 공유가 시작되고, 화자가 그것을 털어놓음으로써 이야기가 전개된다. 해저 화산과 허기라는 수직적 에너지는 수평 방향으로, 아내에게로, 빵가게 습격으로 향한다.

아내는 "빵가게 습격이라니, 무슨 소리야?" 하고 잽싸게 질문하고, 이야기를 끝내려고 해도 아내가 듣고 싶어 하는 통에 화자는 빵가게를 습격했던 일을 어쩔 수 없이 회상한다. 벌써 십 년도 더 된 일인데, 화자는 그 당시의 파트너와 둘이서 "우리의 허기를 채워 줄 만큼 많은 양의 빵을 찾아" 빵가게를 습격한다. 그리고 그때의 빵가게 습격은 "성공했다고도 할 수 있고, 성공하지 못했다고도 할 수 있다." 왜냐하면 "우리가 빵을 빼앗으려 하기 전에 빵가게 주인이 우리에게 빵을 줬"기 때문이다.

빵을 얻는다는 목적은 달성했지만 빵을 빼앗는 데는 성공하지 못했다. 그렇다면 이들은 대체 무엇에 실패했는가. 그것은 이 책의 주제인 '만남'과 관련이 있다.

그 만남이 실패한 이유

화자가 빵을 공짜로 얻은 것은 아니다. 거기에는 빵집 주인과의 기묘한 거래가 있었다. "빵집 주인은 클래식 음악 마니아였는데, 마침 가게에 바그너의 「서곡집」을 틀어 두고 있었어. 주인은 우리에게 만약 그 레코드를 끝까지 얌전히 다 들으면 가게에 있는 빵을 원하는 만큼 가져가도 좋다는 조건을 내걸었지."

화자와 파트너는 의논 끝에 부엌칼과 나이프를 집어넣고 빵집 주인과 함께 오페라 「탄호이저」와 「방황하는 네덜란드인」의 서곡을 들었다. 그리고 가게에 있던 모든 빵을 가방에 던져 넣고 집으로 돌아왔다. 이 부분만 보면 빵가게 습격이 성공했다고도 할 수 있다. 하지만 화자의 말에 따르면 빵은 빼앗아야 했다. 그랬다면 아무런 문제가 없었을 거라고 한다. 그것은 저주처럼 두 사람의 생활에 어두운 그림자를 드리웠고, 결국 두 사람은 헤어졌다.

빵가게 주인의 제안과 그에 대한 두 사람의 반응은 양쪽 다 몹시 기묘하게 느껴지지만, 무라카미 하루키의 작품에서 황당무계하게 보이는 많은 사건이 알고 보면 의미를 가지듯이 이 또한 충분히 납득할 수 있다. 우선 만남은 무언가를 사이에 둠으로써 비로소 가능해지는 경우가 많다. 이는 단편집 《일인칭 단수》의 중요한 모티프로 뒤에서 자세히 다룰 텐데, 이를테면 첫 번째 단편 〈돌베개에〉에서는 단카短歌*가 매개물로 등장한다. 또 장편소설 《기사단장 죽이기》에서는 그림 「기사단장 죽이기」가 매개물로 등장한다. 요컨대 만남은 무언가를 공유해야 성립하므로, 빵가게 주인은 「탄호이저」와 「방황하는 네덜란드인」 서곡을 만남을 위한 공유물로 제안한 것이다. 하지만 그때 두 사람은 형식적으로 공유하는 척만 했기에 유감스럽게도 진심에서 우러난 공유에는 이르지 못했고, 그 결과 진정한 만남이 이루어지지 않았다. 매개가 성

* 5구 31음절로 이루어지는 일본의 정형시.

립하지 않는다면 만남은 직접적으로만 가능해지며, 그런 방식의 만남 중 하나가 폭력이다. 그러나 여기서는 '습격'이 아니게 됨으로써 만남에 폭력성마저 사라져 방향이 어긋나고 말았다.

화자는 빵가게 주인과의 공유와 만남에 실패하고 파트너와도 헤어진다. 이 빵가게 습격 에피소드가 보여 주는 것은 일단 '지금의 세계에는 공유도 만남도 없다'라는 사실이며, 그 결과 파트너와 함께 있을 의미가 사라졌다.

화자가 공유와 만남의 실패에 대해 이야기함으로써 그것은 아내와의 사이에서 계승되고 공유되는데, 그런 점에서 두 사람이 나누는 대화는 매우 암시적이다.

"잘 생각해 보면 알 수 있는 일이야. 당신이 직접 그 저주를 풀지 않는 한, 그건 충치처럼 죽을 때까지 계속 당신을 괴롭히겠지. 당신뿐만 아니라 나까지 말이야."
"당신까지?"
"지금은 내가 당신 파트너잖아" 하고 아내는 말했다. "이를테면 지금 우리가 느끼는 이 허기가 그래. 결혼하기 전에 난 이런 심한 허기를 느껴 본 적이 단 한 번도 없었어. 이런 거 이상하지 않아? 분명 당신이 걸린 저주에 나까지 휘말린 거야."

허기는 해저 화산에서 솟아나는 에너지와 이어져 있다. 융이 '거대한 연결'의 상실 문제를 지적했고 하루키의 작품에서 세계의 단절이 인간관계의 희박함으로 이어지듯이, 사람과 사람의 관계는 수직적이며 거대한 무언가와 이어지지 않으면 성립이 안 되고, 따라서 부부 사이의 진정한 만남과 연결도 사라진다. 이는 현대의 보편적 문제와 부부 관계의 위기를 보여 주는 매우 심각한 상황이라고 할 수 있다.

단절 혹은 소멸

이번 장에서는 〈빵가게 재습격〉이라는 하나의 단편을 해석하며 그 안에서 하루키의 초기작에 나타난 만남, 나아가 현대 사회의 만남에 관한 문제까지 다루고 있다. 텍스트를 꿈처럼 해석한다는 방법론적 관점에서도 다루는 작품을 하나로 한정하는 것이 중요하다.

한데 〈빵가게 재습격〉은 단편집 《빵가게 재습격》에 수록된 작품이라는 측면에서, 어느 정도 주제나 흐름을 공유하는 단편집의 맥락 안에 놓여 있다. 이는 어떤 꿈이 하나의 꿈 시리즈 속에 존재하는 것과 비슷한 일인지도 모른다. 또 초기의 단편 한 편에서 만남의 수직적 힘과 공유에 대한 관점을 밝혀 내는 것은 그 요소들이 하루키의 작품군에서 얼마나 보편성을 가지는지, 어떤 변주가 존재하는지를 확인하는 작업으로도 의미가 있다.

따라서 단편집《빵가게 재습격》중 〈빵가게 재습격〉 다음에 실린 단편 〈코끼리의 소멸〉을, 지금까지의 〈빵가게 재습격〉 해석에서 떠오른 생각과 연관 지어 잠시 다뤄 보고자 한다. 〈코끼리의 소멸〉은 나이를 많이 먹은 탓에 동물원에서 마을로 인수되어 낡은 초등학교 체육관을 축사로 쓰던 코끼리가 어느 날 사육사와 함께 모습을 감추어 버리는 이야기다. 족쇄의 열쇠를 풀거나 벽을 부순 흔적은 전혀 없고, 그런 점에서는 탈주가 아니라 소멸이라고 하는 것이 어울리는 기묘한 사건이자 신문 기사에도 실릴 정도로 큰 뉴스였다.

〈빵가게 재습격〉 속 해저 화산의 힘과 수직성에 해당하는 것이 이 이야기에서는 동물원에서 마을로 인수된 코끼리라고 할 수 있다. 코끼리는 지상에서 가장 큰 동물이자 강한 힘의 상징이다. 화자는 코끼리에게 큰 관심을 가지고 있었지만 코끼리는 갑자기 소멸한다. 이는 일상성을 초월한 힘이나 비일상적 차원의 소실이라고 상징적으로 풀이할 수 있다. 〈빵가게 재습격〉에서 수직적인 힘이 해저 화산 또는 허기라는 형태를 띠고 속수무책으로 치솟는 것이 문제였다면, 〈코끼리의 소멸〉에서는 반대로 그 에너지의 소실을 주제로 삼는다.

화자는 회사 제품 홍보 파티에서 한 여자를 만나고, 말이 잘 통했기에 호텔 내부의 칵테일 라운지로 자리를 옮겨 대화를 이어 간다. 거기서 화자는 어째서인지 소멸한 코끼리 이야기를 꺼내고 만다. 두 사람의 대화는 자꾸만 어긋나고, 여자가 코끼리의 소멸에 지나친 관심을 보이는 탓인지 그에 관한 질문을 받으면 화자의 어조는 갑자기 냉랭해진다. 이에 여자는 "코끼리 이야기만 나오면 갑자기 말투가 이상해지네요" 하고 지적한다.

화자는 결국 코끼리 이야기를 하지 않을 수 없어져서, 실은 자신이 코끼리를 마지막으로 본 사람인지도 모른다고 털어놓는다. 학교 뒷산에 코끼리 축사를 들여다볼 수 있는 곳이 있는데, 거기서 소멸하기 직전의 코끼리를 봤다는 것이다. 그때 화자의 눈에는 코끼리가 작아지거나 사육사가 커진 것처럼 보였다. 화자는 양쪽의 "몸집 크기 차이가 줄어든 것 같았어요"라고 말한다.

화자가 말을 마치자 둘 사이에 침묵이 내려앉는다. 그리고 두 사람은 두 번 다시 만나지 않는다.

여기서는 수직적 힘과 에너지, 나아가 그것의 상실마저 느낀 화자가 자신이 만난 여자에게 그 이야기를 하지만 제대로 전달되지 않는다. 다시 말해 공유에 실패한 것이다. 그러나 수직성과 비일상적 차원이라는 모티프는 두 작품에서 공통적으로 확인되며, 〈코끼리의 소멸〉에서는 그것이 소멸하는 데에 중요한 의미가 있다.

반성과 트라우마의 극복

다시 〈빵가게 재습격〉으로 돌아가 보자.

"당신이랑 함께 산 지 이주쯤밖에 안 됐지만, 분명 난 어떤 저주가 존재한다는 걸 내 주위에서 계속 느껴 왔어." 아내가 말했다. 그리고 내 얼굴을 물끄러미 바라보며 식탁 위에서 양 손가락을 깍지 꼈다. "물론 그게 저주란 건 당신 이야기를 듣기 전까지 몰랐지만, 지금은 확실히 알아. 당신은 저주에 걸린 거야."

첫 번째 빵가게 습격 때의 만남과 공유의 실패는 이제 아내에게 실패로 공유되었다. 이는 저주처럼 부정적인 것이다. 그렇다면 아내에게까지 닥쳐온 저주는 어떻게 해야 풀 수 있을까? 아내의 대답은 명쾌하다.

"다시 한 번 빵가게를 습격하는 거야. 그것도 지금 당장." 아내는 그렇게 단언했다. "그것 말고 이 저주를 풀 방법은 없어."

심리학적으로 봤을 때 아내의 이 생각은 지극히 옳다. 저주나 고통은 어느 순간 잊히거나 보살핌을 통해 누그러지는 것이 아니며, 결코 그런 식으로 해소되지도 않는다. 그것에 다시 한번 다가가 체험해야 치유되고 해소된다. 예컨대 손에 난 상처라면 의학적으로는 약을 바르거나 붕대를 감아 치료하면 낫는다. 그러나 심리적인 상처는 본질적으로 보살핌이나 위로를 통해 치유되지 않는다. 역설적이긴 해도 그 상처에 다시 한번 다가가고 때로는 고통스러울지라도 또다시 상처를 입어야만 치유되고 해소된다.

하지만 그런 시도는 자칫하면 트라우마의 반복이나 플래시백*을 초래하기도 한다. 예컨대 심각한 학대를 받았던 사람은 같은 문제가 있는 인간관계에 빠져들어 또다시 학대당하는 경우가 있다. '가해자와의 동일시'라는 심리학적 개념이 있을 정도다.

치료의 관점에서는 트라우마와 같은 문제에 접근하는 데 두 가지 전략이 있다. 먼저 해당 상처나 사건으로부터 스스로를 분리해 다가가지 않는 자세를 취하는 방식이다. 즉 분명 그런 일이 있긴 했지만 그것은 물리적인 사고일 뿐 심리학적으로는 자신에게 의미가 없다는 태도로 거리를 두며 구분하는 것이다. 다른 하나는 오히려 상처에 다시 한번 다가가 그 상처가 자신에게 가지는 의미를 심리학적으로 심화하는 방식이다. 여기서 아내는 상처에 다시 한번 다가가 심리학적으로 심화하는 방법 외에는 해결책이 없다고 제안하고 있다.

---

* 어떤 단서를 접했을 때 그와 관련한 과거의 강렬한 기억에 몰입해 당시의 감각이나 심리 상태 등이 그대로 재현되는 증세.

공유에서 상대가 내놓은 것

 화자와 아내는 빵가게를 찾아 도쿄 시내를 헤맨다. "뒷좌석에는 레밍턴사의 자동 산탄총이 경직을 일으킨 길쭉한 생선처럼 가로로 놓여 있었고, 아내가 걸친 윈드브레이커 주머니에는 예비 탄알이 짤랑짤랑 건조한 소리를 내고 있었다." 매우 급작스럽고도 놀라운 전개다.
 화자는 "어째서 아내가 산탄총을 가지고 있는지 나는 짐작조차 할 수 없었다"라고 말한다. 이는 빵가게를 다시 습격한다는 과제를 공유하자 아내가 내놓은 공물로, 아내의 힘이자 공격성이라고 볼 수 있다. "결혼 생활이란 어쩐지 기묘한 것이다"라는 화자의 독백처럼 산탄총은 일종의 상징적 과장일 수도 있으나, 화자가 그때까지 몰랐던 아내의 공격적인 세계와 면모를 드러낸다. 어쩌면 아내에게도 빵가게를 습격할 필연적 이유가 있었고, 그런 두 사람의 결혼이라는 비밀스러운 결탁이 여기서 암시되고 있는지도 모른다.
 심리 치료에서 다루는 대상도 당연히 내담자의 개인적 문제나 과제다. 그것은 갖가지 심리적 증상일 때도 있고, 가족 관계나 직장 내 갈등, 그 사람의 콤플렉스와 같은 심리적 문제나 과제일 때도 있다. 그러나 내담자의 문제나 과제가 상담자에게 공유되면, 상담자가 지니고 있던 것이 어느 틈에 산탄총처럼 그들 관계에 끼어든다. 이는 치료에 도움이 되는 경우도 있지만 때로는 방향을 미묘하게 틀어놓거나 문제 해결을 방해하기도 한다.

산탄총이 상징하는 것처럼 여기서 아내의 힘은 분명 강력하지만, 해저 화산에 비하면 보다 수평적인 인상을 준다. 아내가 처음으로 허기를 느꼈을 때 그 허기가 결혼한 것과 관계가 있는지 묻는 대목에서도 전형적으로 드러나듯이, 아내에게는 수직축의 관계보다 수평축의 관계가 더욱 강한 영향력을 발휘하는 듯하다.

단순히 만나서 시간을 함께 보내거나 한집에서 생활하는 것만으로는 충분하지 않다. 무언가를 함께 공유하고 뛰어들어야 비로소 상대를 알게 되어 진정한 만남이 이루어진다. 빵가게 재습격에 함께 뛰어듦으로써 화자는 아내와 진정으로 만날 수 있었을 터다. 그러나 공유를 하면 원래 자신의 이야기였던 것에 상대의 요소가 다소 섞여 들 뿐만 아니라, 상대의 이야기 중심으로 교체되는 경우도 있다. 여기서도 그런 경향이 강하게 드러나며, 그것이 '진정한 만남으로 나아가는가'를 판가름하는 중요한 요인이 된다.

현대 시스템과 실패한 만남

한밤중에 차로 실컷 도쿄를 돌아다녔지만 밤새 영업하는

빵가게를 찾기란 쉽지 않았다. 이는 현대 사회 속 만남의 어려움을 상징한다. 화자는 이제 그만 포기하자고 제안한다. 그러나 아내는 어딘가에서 "멈춰!"하며 차를 세우라고 명령하더니 "여기로 하자"고 결정한다. "빵가게 같은 건 없는데"라는 화자의 발언을 무시한 채 "저 맥도날드를 털 거야" "빵가게나 마찬가지지"하며 습격의 대상을 정한다. 즉 엄밀한 의미로 습격의 대상은 빵가게가 아니어도 괜찮고, 대상이 달라져도 치환이 가능한 것이다. 어떻게 보면 대상은 임의적이고 만남 또한 임의적이라 할 수 있다. 다시 말해 빵가게는 상징성을 잃고 치환 가능한 환유metonymy가 되어 버렸다.

아내는 점원에게 총을 들이대며 모든 종업원과 손님을 한곳에 모으라는 습격 계획을 화자에게 지시한다. 화자는 반신반의하며 그 지시를 따른다. 그리고 "정말 이렇게 해야 할까?"하고 "반쯤은 아내를, 반쯤은 나 자신을 향한 질문"을 하지만, 이에 대해 아내는 "당연하지"라고 확신에 차 대답한다.

이는 원래 화자가 끝내지 못한 과제이자 이야기였던 빵가게 습격이 공유를 통해 완전히 아내의 이야기가 되었음을 나타낸다. 또한 산탄총을 가져온 아내의 수평성은 이야기를 지배한다. 반면 화자는 반신반의한 채로 그다지 이야기에 헌신하지 못하고 있다. 여기서 이미 만남이 이루어지지 못할 징조가 드러난 것이다.

맥도날드에서는 '접객 매뉴얼'에 따라 손님에게 기계적인 응대를 한다. 거기에는 전근대의 자취가 남겨진 개인 점포나 찻집에서와 같은 만남이 존재하지 않고, 따라서 대화의 가능성도 없다. 스키 마스크를 쓰고 갑자기 사람들에게 총을 들이대는 화자가 "'맥도날드 접객 매뉴얼' 어디에도 이런 상황에 대한 대처법이 적혀 있지 않다"라고 서술하는 것은 흥미로운 지점이다. 또 총부리를 겨누어도 "아무도 비명을 지르지 않았고, 아무도 덤벼들지 않았다"라는 대목 역시 직접성과 리얼리티의 결여, 나아가 만남이 이루어지지 않으리라는 점을 보여 준다.

점장은 "돈은 드릴게요"라고 말한 다음 "열한 시에 수금해 가서 그리 많지는 않지만 전부 다 가져가세요. 보험에 들어 있으니 상관없습니다"라고 한다. 현대의 조직에서는 사고가 생기든 범죄가 일어나든 직접적인 피해가 전혀 발생하지 않는다. 이는 교통사고가 일어나면 거의 모든 피해가 보험으로 커버되고, 보험회사에서 이런저런 협상을 도맡아 줘서 당사자들은 직접 개입하지 않는 것과 마찬가지다. 근대적 의식의 특징인 개인의 책임감이나 죄책감은 거기서 빠져 있다. 사고는 당사자 사이에서 일어난 일종의 폭력에 의한 만남이지만, 그 만남은 시스템에 의해 교묘하게 회피된다. 당사자 사이의 접촉 없이 보험회사가 협상을 진행하기 때문이다. 하지만 아내가 "정면에 있는 셔터 내리고 간판 불 꺼"라고 말하자 점장은 "잠깐만요." "그건 곤란합니다. 멋대로 가게를 닫으면 제 책임이 되거든요" 하고 반론한다. 즉 돈이 없어지는 건 시스템이 커버하므로 상관없지만 시스템의 질서를 망가트릴 수 는 없다는 뜻이다.

아내는 "빅맥 서른 개, 테이크아웃으로"라고 명령하고, 이에 대해 점장은 "돈을 더 드릴 테니 어디 다른 가게에 가서 주문해 드시면 안 될까요?" "장부 정리가 엄청나게 번거로워지거든요. 그러니까……" 하고 말한다. 빅맥을 서른 개씩이나 빼앗기는 것은 전혀 문제되지 않는다. 어디까지나 중요한 건 시스템이므로 그것을 틀어지게 만들고 싶지 않다. 이는 현대 사회와 포스트모던적 의식의 특징이다. 요컨대 시스템을 유지하는 것이 중요할 뿐, 그 안에 있는 개인의 판단이나 손익은 중요하지 않은 것이다.

햄버거를 서른 개씩이나 빼앗아 놓고도 아내가 라지 사이즈 콜라를 두 개 주문하며 그 값을 지불하는 것도 인상적이다. 미션은 어디까지나 빵(여기서는 햄버거)을 빼앗는 것이므로 그 외의 물품을 훔쳐서는 안 된다. 이 역시 매뉴얼을 따르는 가게의 대응과 거울상처럼 똑같다.

이 습격 장면에서 점원들은 처음부터 끝까지 습격당하고 있다는 공포를 느끼지 않고, 비명을 지르는 등의 생생한 반응도 보이지 않는다. 요컨대 산탄총을 가져와 협박하는 폭력에도 불구하고 만남이 발생하지 않는 것이다. 첫 번째 빵가게 습격과는 다른 의미로, 빵가게 재습격에서도 안타깝지만 만남은 발생하지 않는다.

사건의 해결 이후 엇갈림

맥도날드를 습격해 빅맥을 서른 개 빼앗은 뒤, 두 사람은 삼십 분쯤 차를 몰아 빌딩 주차장에서 빅맥을 먹는다. 그리고 담배 한 대를 나눠 피운다. "담배를 다 피우자 아내는 내 어깨에 가만히 머리를 기댔다."
그때 화자는 "그런데 이런 짓을 정말로 꼭 해야 했을까?" 하고 다시 한번 아내에게 묻는다. 그러자 아내는 "물론이지"라고 대답하고, "그런 다음 딱 한 번 깊은 한숨을 내쉰 뒤 잠들었다. 그녀의 몸은 고양이처럼 부드럽고 가벼웠다."
이 장면은 빵가게 재습격이 아내의 이야기로 성립하고 있음을 암시하는 듯하다. 햄버거를 먹기 위해 함께 맥도날드를 습격했고, 그것을 같이 먹었고, 담배 한 대를 나눠 피웠으므로 그런 면에서는 공유도 성립했다. 아내 입장에서는 빵가게를 재습격함으로써 저주도 풀린 것으로 보인다.
그러나 화자인 '나'는 과연 어떨까. 이 단편은 다음과 같은 문장으로 끝난다.

혼자가 되자 나는 보트에서 몸을 내밀어 바다 밑을 들여다봤지만 그곳에는 이제 해저 화산의 모습이 보이지 않았다. 해수면은 조용히 푸른 하늘을 비추었고, 잔잔한 파도가 바람에 흔들리는 실크 파자마처럼 보트 옆구리를 부드럽게 두드릴 뿐이었다.

나는 보트 바닥에 드러누워 눈을 감은 채 밀물이 나를 마땅한 장소로 데려가 주기를 기다렸다.

해저 화산은 안정되었고, 어쩌면 차올라 있던 에너지가 습격을 통해 적절히 방출되었는지도 모른다. 그러나 초판 버전에서 아내와 함께 보트를 타고 있던 이 장면이 문고판에서는 화자 혼자 보트를 타고 있는 것으로 바뀌었다. 즉 아내와의 사이에는 아직 공유되지 않은 무언가가 남아 있음을 보여 주는 것이다. 또 해저 화산이 안정되었다기보다 결과적으로 해저 화산과 화자의 수직적 연결이 상실된 것인지도 모른다.

심리 치료에서도 비슷한 일이 일어날 때가 있다. 다시 말해 내담자가 고민이나 증상이 있어 상담을 받으러 와서 어떻게든 그것을 해결하려고 하지만, 증상이 사라졌다고 해서 잘된 일이라고 일률적으로 말할 수 없다. 증상이 사라짐으로써 오히려 본질적인 것과의 연결이 끊어지는 경우가 있기 때문이다. 이 단편에서도 해저 화산이 불러일으켰던 긴장감이 풀린 것은 잘된 일일 수도 있지만, 그로 인해 본질적인 에너지나 마음 깊은 곳과의 수직적 연결이 끊겼을 수도 있다. 또 그것을 우려하는 화자와 완전히 안심한 아내 사이에는 미묘한 엇갈림이 생겨난 상태다.

새로운 버전의 후기에서 무라카미 하루키는 이 단편의 과제가 《태엽 감는 새 연대기》로 이어졌다고 밝혔다. 《태엽 감는 새 연대기》의 주제는 부부 사이의 엇갈림이다. 아내가 실종됨으로써 두 사람의 관계는 일단 상실되고, 관계를 되돌리기 위해서는 수평적 차원에서 아내를 찾는 것이 아니라 보다 수직적으로 우물 밑바닥까지 내려갈 필요가 있었다. 단, 〈빵가게 재습격〉에서는 남편이 엇갈림을 느끼는 반면 《태엽 감는 새 연대기》에서는 아내가 위화감을 느끼고 집을 나간다. 수직적인 것과 이어짐으로써 비로소 인간관계의 연결이 회복된다는 주제가 계승된 것이다.

공유물을 잃은 현대 사회

단편 〈빵가게 재습격〉을 마치 꿈을 내재적으로 해석해 나가듯이 세부까지 풀이한 탓에 이 책의 주제인 '만남'에서는 다소 벗어난 부분도 있었을지 모른다. 그래서 이 장을 마무리하며 다시 한번 '만남'의 관점으로 이 단편에서 밝혀진 것을 되짚어 보고자 한다.

작품 전체를 관통하는 것은 만남과 공유의 근본적 어려움이다. 화자는 파트너와 공유를 하지 못하고, 빵가게 주인과 진정으로 만나지 못하며, 또 바그너의 음악을 들으라고 제안받지만 그것을 진심으로 공유하지 못한다. 아내와는 첫 번째 빵가게 습격의 실패와 허기를 공유하고 함께 빵가게 재습격에 나선다. 하지만 맥도날드에서는 점원의 매뉴얼만 따르는 대응 탓에 생생한 만남이 발생하지 않는다. 그리고 원래는 화자의 이야기였던 빵가게 습격이 아내의 이야기로 변하고 만다. 아내는 공유에 성공해 과제를 해결한 듯한 기분에 젖지만 화자는 무언가 불충분함을 느낀다. 나아가 원래는 존재했던 해저 화산과의 연결마저 끊어진다.

또 만남은 사람과 사람 사이의 수평적 관계로 보이지만, 만남을 위해서는 해저 화산의 수직적 힘처럼 수평적인 이항대립이나 양자의 관계를 깨부수는 제3의 요소와 연결되는 것이 중요하다는 점도 암시된다. 융의 말처럼 거대한 연결의 회복 없이는 진정한 만남이 불가능하다.

게다가 이 단편에서는 바그너의 음악 공유가 원활히 이루어지지 않아 만남에 실패한다. 아무래도 만남을 위해서는 어떤 공유물이 필요한 듯하다. 공유물이 없는 경우 만남에는 폭력이나 성性 같은 직접적인 요소가 중요해진다. 무라카미 하루키의 작품에는 폭력적이거나 성적인 장면이 많은데, 이는 현대 사회의 만남이 의식儀式이나 공동체에 의한 공유물을 잃었기에 직접성에 기댈 수밖에 없어진 것과도 관계가 있어 보인다. 그러나 이 단편에서는 모처럼 부엌칼과 산탄총이라는 무기를 들고 직접적으로 가게를 습격했음에도 불구하고 폭력은 허무하게 끝났고 만남은 생겨나지 않았다. 이는 맥도날드의 매뉴얼을 따르는 대응에서 엿보이듯이, 직접성을 교묘하게 회피하는 현대 사회의 시스템 때문이라는 점을 암시한다.

  지금까지 살펴본 현대 사회 속 만남의 특징과 그에 따른 다양한 요소 및 과제는, 단 하나의 단편에서 도출했을지라도 보편적 의미를 지닌다. 이 책에서는 최근 출간된 단편집《일인칭 단수》속 만남에 대해 고찰해 볼 테지만, 그에 앞서 하루키의 초기작 속 만남의 부재 및 그 어려움과는 대조적으로 만남이 실현되는 한 단편을 살펴보고자 한다. 바로 2005년 작《도쿄 기담집》에 수록된〈우연 여행자〉다.

제 1 장

마침 그때 네가 전화를 줬어

단편 〈빵가게 재습격〉이 1985년에 발표되었고, 《도쿄 기담집》에 수록된 〈우연 여행자〉가 발표된 것은 2005년이므로 그 사이 이십 년이라는 세월이 흘렀다. 내담자의 꿈이나 마음이 심리 치료를 통해 변해 가듯이 무라카미 하루키에게 있어서 만남이라는 주제도 변화하고 심화되어 갔다. 이 두 작품이 발표된 시기의 딱 중간인 1995년은 지하철 사린 사건이 일어난 해이며, 3부로 구성된 장편 소설 《태엽 감는 새 연대기》와 사린 사건의 피해자 인터뷰 모음집인 《언더그라운드》를 통해 무라카미 하루키가 이른바 디태치먼트에서 커미트먼트로의 전환을 이룬 분기점이기도 하다.

〈빵가게 재습격〉에서 만남의 지난함과 엇갈림이 나타난 것과는 대조적으로, 〈우연 여행자〉에서는 마치 커미트먼트로의 작풍 전환에 호응하듯이 어려움은 있을지언정 만남이 절묘하게 이루어지는 듯하며 만남의 본질이 암시되는 것 같기도 하다. 이번 장에서는 작품에서 드러난 만남의 본질을 살펴보는 동시에 제목에도 나와 있는 만남에서 '우연'의 역할이 얼마나 큰지, 또 우연을 통해 만남이 어떻게 가능해지는지에 대해서도 알아보고자 한다.

우연의 발생과 발견

〈우연 여행자〉에서는 제목에도 나와 있듯이 우연한 만남으로부터 불가사의한 이야기가 전개된다. 게다가 이는 하루키가 지어낸 픽션이 아니며 직접 들은 실화를 바탕으로 썼다고 한다.

첫머리에서는 하루키가 실생활에서 우연을 자주 겪는다는 사실이 재즈와 관련된 두 가지 에피소드를 통해 제시된다. 하나는 속으로 바라던 일이 현실에서 실현되는 이야기다. 재즈 피아니스트 토미 플래너건이 이끄는 트리오의 재즈 클럽 연주를 들으러 간 하루키는, 연주에 좀처럼 흥이 오르지 않아서 자신에게 두 곡을 신청할 권리를 준다면 어떤 곡을 고를지 속으로 생각한다. 그런데 하루키가 속으로 고른 바로 그 두 곡을 무대 막바지에 플래너건이 연주한다. 하루키가 "나는 와인 잔을 손에 든 채 말문이 콱 막히고 말았다"라고 썼듯이 이는 그만큼 놀라운 일이었다.

작품에 소개된 다른 하나의 일화는, 하루키가 중고 레코드 가게에서 「10 to 4 at the 5 Spot」이라는 레코드판을 발견해 그것을 사서 가게를 나오는 순간 누군가가 시간을 물었던 일이다. 마침 네 시 십 분 전이었기에 "Yeah, it's 10 to 4"라고 대답하고 나서 하루키는 방금 전 구입한 레코드 제목과의 우연한 일치에 놀라 숨이 멎었다고 한다.

심리 치료에서는 우연한 사건을 계기로 내담자의 상태가 악화되거나 반대로 좋아지는 경우가 많은데, 그중에서도 특히 우연의 일치가 자주 발생하는 내담자 혹은 상담자가 있다. 하루키 역시 그런 경향을 지닌 사람인 모양이다. 그 점이 반영되었는지 하루키의 작품에서도 우연의 일치가 흔하게 발생한다. 예컨대 《스푸트니크의 연인》에서 화자인 '나'는 스미레라는 묘한 구석이 있는 소설가 지망생을 좋아하지만 스미레는 뮤라는 연상의 여자를 사랑한다. 모든 사랑은 일방통행이 되어 이루어지지 않는다. 스미레는 휴가 때 방문한 그리스의 섬에서 홀연히 자취를 감추고, 이야기 마지막에 '나'가 탄 택시와 뮤가 운전하는 재규어가 우연히 옆 차선에서 나란히 달린다. 이는 그야말로 우연한 만남이자 엇갈림의 순간이다.

융은 가족이나 지인이 기묘한 모습으로 등장하는 꿈을 꾼 뒤 그 사람 혹은 그와 관련된 사람의 사망 소식을 접하는 등 인과관계로 설명할 수 없는 우연의 일치에 대해 '동시성 synchronicity'이라는 개념을 내세웠다.[6] 이런 일을 자주 겪는 사람은 분명 존재할뿐더러, 극도의 긴장 상태나 위기 상황에 이르면 우연이 연달아 일어나는 경우도 있다. 하루키가 든 첫 번째 예시가 이에 해당한다. 공연이 순조롭게 진행되었다면 딱히 그런 생각이 안 들었을 수도 있지만, 연주에 흥이 오르지 않음으로써 연주자에게도 청중에게도 좌절감이 쌓여 갔기 때문에 객석에 있던 하루키가 속으로 두 곡을 신청한 것이다. 마찬가지로 심리 치료에서는 내담자가 위기 상황에 직면해 있는 경우가 많아서 우연의 일치가 종종 발생하는 듯하다. 한편으로는 그게 무엇이든 간에 동시성이나 우연의 일치로만 여기는 사람들도 있다. 그러나 뭐든지 과도하게 우연의 일치로 여기지 않는 자세도 필요하다.

 이어서 본격적으로 진행되는 이야기는 하루키가 피아노 조율사에게 실제로 들은 것으로, 리얼리티가 물씬 풍긴다. 애초에 하루키가 정말 들은 이야기로 단편을 만들었는지, 혹은 들은 이야기라는 설정 자체도 픽션인지는 알 길이 없지만 말이다. 어쨌거나 《도쿄 기담집》에 실린 여러 신비로운 단편 중 이 이야기가 가장 리얼하게 느껴진다.

 이야기가 허구인지 아닌지, 리얼리티를 지니고 있는지 아닌지는 매우 중요한 요소다. 가령 내담자가 심리 치료에서 하는 꿈 이야기가 지어낸 것이라면 마음의 변화에는 기여하지 못할 터다. 하물며 작가가 인위적으로 우연을 가장해 자신의 작품에 유리한 해피엔딩을 만들어 낸다면 그것은 논할 가치도 없다. 하지만 사람들은 꿈속에서라면 절체절명의 위기에 빠진 경우 자신에게 유리한 조력자를 쉽게 끌어들이기도 한다.

가족 혹은 공동체와의 단절

　피아노 조율사인 주인공은 피아노 연주자를 꿈꾸며 음대에 진학하는데, 거기서 자신이 동성애자라는 사실을 깨닫는다. 그는 여자들에게 인기가 있었으나 성적인 경험은 없었다. 그러던 중 같은 학년의 타악기 전공생 여자를 사귀어 섹스도 하지만 점차 그것이 부담스러워진다. 어느 날 그는 자신이 동성애자라는 사실을 깨달아 여자 친구에게 털어놓고, 주위 사람들에게도 알려진다.
　이 커밍아웃으로 인해 그는 자신의 가족, 특히 사이가 무척 좋았던 두 살 손위 누나와 결정적으로 사이가 틀어진다. 누나는 결혼을 앞두고 있었는데 남동생이 동성애자라는 사실이 알려져 혼담이 깨질 뻔했고, 그런 일도 있었기에 그는 가족들과 완전히 단절된다. 지금은 현재의 파트너와 십 년 가까이 안정된 관계를 유지하고 있다.
　최근에는 성소수자가 전반적으로 인정받고 있고, 또 그에 대한 이해의 폭을 넓혀 주는 문학 작품도 많이 나오고 있다. 하지만 이 이야기의 흐름 속에서는 주인공이 동성애자라는 사실, 나아가 그 사실을 커밍아웃한 것 자체보다는 오히려 그로 인해 가족 및 공동체와 단절이 발생했다는 점이 더욱 중요하게 다루어진다. 심리 치료를 할 때면 누구와 결혼할지는 딱히 상관없고 어쨌거나 집을 나오는 게 중요하다는 내담자를 자주 본다. 의식적이든 무의식적이든 간에 어떤 선택이나 행동이 겉보기와 다르게 심리학적 의미를 지니는 것은 흔한 일이다.

단편집 《빵가게 재습격》에는 〈패밀리 어페어〉라는 단편도 수록되어 있다. 이 이야기에서는 주인공과 함께 사는 여동생에게 약혼자가 생기는데, 주인공은 그 인물이 마음이 들지 않는다. 여기서는 타자가 끼어드는 것을 허용하지 않는 남매의 무의식적이며 강력한 유대 관계가 드러난다. 〈우연 여행자〉에서도 남매 사이에 강한 유대감이 존재하며, 주인공은 누나의 약혼자를 매우 싫어한다. 이따금 부모 자식 관계의 의존이나 밀착을 벗어나 자립하는 것이 심리학적 과제가 되고는 한다. 마찬가지로 남매 사이의 유대를 끊고, 말하자면 가족의 근친상간적 관계에서 벗어나 자신의 파트너와 인생을 꾸려나가는 것이 일반적으로는 중요하지만 이는 매우 어려운 일이다. 융은 치료 관계를 다룬 책 《전이의 심리학》[7]에서 남매 사이의 근친상간적 관계를 깨고 각자 파트너를 찾는 러시아의 옛날이야기를 예시로 들기도 했다.

〈우연 여행자〉에서는 동성애자인 주인공의 파트너가 끝까지 등장하지 않으며 어떤 인물인지 언급도 전혀 없다는 점이 특징이다. 요컨대 그것이 이 이야기의 주된 테마가 아니라는 뜻이다. 동성애자라는 설정은 이 이야기에서 긍정적으로 다루어야 할 요소라기보다는 그전까지 가족 사이에서 쌓아 온 유대감이나 통상적인 관계를 부정하기 위해 등장한 것으로 보인다. 게다가 한 걸음 더 파고들면 누나와 근친상간적 관계를 유지하고 다른 여성과의 관계를 차단하기 위해 주인공이 성소수자가 되었을 가능성도 완전히 배제할 수 없지만, 그것은 이 책의 고찰 범위를 벗어나 있으므로 다루지 않겠다. 아무튼 마음속에서 일어나는 일은 무엇에 초점을 맞추는지, 어느 관계를 중심으로 살피는지에 따라 보이는 모습이 달라지기 마련이다.

비일상적이고 규칙적인 만남

주인공에게는 매주 화요일마다 혼자 집에서 멀리 떨어진 쇼핑몰로 차를 몰아 그곳 서점 한구석에 마련된 카페에서 커피를 마시며 책을 읽는 습관이 있다. 오전 열 시부터 오후 한 시까지 그곳에서 독서에 푹 빠지는 것은 그에게 매우 소중한 치유의 시간이다.

일단 자신의 일상적 장소와 맥락에서 벗어난 쇼핑몰의 카페를 방문하는 것 자체가 비일상적 시공간으로 향하는 일이며, 과장되게 말하자면 성지를 찾아가는 순례라고도 볼 수 있다. 시간을 들이고 몸을 움직여서 좋아하는 장소로 이동하는 행위 자체가 중요한 것이다. 나아가 그런 행위는 여행처럼 일회성이어도 의미가 있지만, 매주 화요일 같은 시간에 습관적으로 반복함으로써 점차 자신을 지탱해 주는 무언가가 된다. 이는 기독교 신자가 매주 일요일 교회에 가서 기도를 드리거나 심리 치료에서 내담자가 매주 정해진 장소와 시간에 진료실이나 상담자의 상담실을 방문하는 것과 같다. 그곳에서 어떤 내용의 기도를 올리는지, 무슨 이야기를 나누는지는 둘째 치고 그러한 비일상적 공간을 마련해 규칙적으로 찾아가는 행위 자체가 중요하다. 심리 치료를 하다 보면 상담실에서 오가는 이야기나 그로부터 생겨나는 통찰보다는 시간과 장소를 정해 두고 정기적으로 만나는 것 자체가 내담자의 마음을 지탱해 좋은 변화를 일으키는 경우가 많다는 사실을 통감한다.

한편 주인공은 서점 한구석에 마련된 카페에서 책을 읽는다. 독서란 책 속이라는 현실과는 다른 하나의 가상 세계로 들어가 외부 세상을 차단하고 자신의 내면으로 침잠하는 행위다. 자신의 맥락과 일상에서 벗어난 쇼핑몰 카페로 가는 것 자체가 비일상적 시공간으로 들어가는 일인데, 거기서 주인공은 책의 세계라는 한층 더 깊은 비일상적 시공간으로 들어간다. 독서에 푹 빠지다 보면 전철을 놓치거나 자기도 모르는 사이에 약속 시간이 지나 버릴 때가 있는데, 이는 그야말로 책 속 세계로 들어가 현실 세상과 잠시 단절되는 순간이다.

또 독자 입장에서 보면 주인공이 카페에서 읽는 책은 〈우연 여행자〉라는 이야기 속 이야기다. 무라카미 하루키의 소설에는 《1Q84》의 〈공기 번데기〉나 〈고양이 마을〉처럼 작품 속에서 또 다른 이야기가 등장하는 경우가 많다. 이야기뿐만 아니라 때로는 그것이 음악이거나 《기사단장 죽이기》에서처럼 그림인 경우도 있다. 또 극 중 가장 중요한 비밀은, 예컨대 《태엽 감는 새 연대기》의 시나몬이 가지고 있던 컴퓨터 속 파일이나 《스푸트니크의 연인》에서 스미레가 남긴 플로피 디스크 속 일기처럼 한 단계 더 들어간 무언가를 통해 밝혀지는 경우도 많다. 작품 속 이야기가 현실에서 멀리 떨어진 세계라면 독자는 바깥 이야기에서 한 단계 더 깊은 세계로 들어가는 경험을 하게 된다. 이는 쇼핑몰 내 한구석에 마련된 카페라는 비일상적인 시공간과 무척 잘 어울린다.

우연의 일치와 공유

주인공인 피아노 조율사는 카페에서 찰스 디킨스의 《황폐한 집》을 읽고 있었다. 일본어판 문고본으로 네 권이나 될 만큼 방대한 이 작품은 엄격한 대모 밑에서 자란 에스더의 이야기를 중심에 두고 '잔다이스 대 잔다이스 소송'*을 배경으로 펼쳐지는 빅토리아 시대의 사회 소설이자 추리 소설이다.

  카페 옆 테이블에는 주인공과 마찬가지로 조용히 책을 읽는 여자가 있었는데, 그녀는 화장실에 가기 위해 자리를 잠시 떠났다가 돌아온 그에게 말을 건다. 순전한 우연이었지만 그녀 역시 《황폐한 집》을 읽고 있었던 것이다. 그녀는 어느 독서 모임의 회원이었다. 거기서 정한 그달의 책이 《황폐한 집》이어서 닷새 전 이곳 서점에서 책을 구입해 이 카페에서 읽기 시작했고, 무척 재밌어서 푹 빠져들었다고 한다. 그 경험이 너무나 즐거웠기에 같은 카페에 와서 나머지 부분을 읽는 중이었다는 것이다. "한산한 카페 바로 옆자리에서 두 사람이 똑같은 책을 읽고" 있었으며, 심지어 그것이 "베스트셀러 소설도 아니고, 일반적으로 찰스 디킨스의 대표작이라고 할 수도 없는 작품"이라는 점에서 이는 놀라운 우연의 일치다. 그리고 같은 소설을 읽고 있었다는 이 우연으로부터 두 사람의 만남이 시작된다.

  두 사람은 서로 자기소개를 한다. 여자는 아이가 둘이라서 독서할 짬을 내기가 쉽지 않은 탓에 일부러 장소를 바꿔 책을

---

* 막대한 유산을 둘러싸고 끝없이 진행되어 당사자들을 지치게 만든 작중 허구의 소송으로, 영국 형평법 제도의 폐단과 비효율성을 풍자하는 설정으로 쓰였다.

읽으려 한다고 말한다. 아이의 반 친구 엄마들과는 공통의 화제가 없고, 남편은 무역회사 일로 너무 바쁘다는 이야기도 덧붙인다. 주인공도 자기소개를 하며 본인은 피아노 조율사라는 것, 다마강 건너편에 산다는 것, 독신이라는 것, 매주 차를 몰고 책을 읽으러 이곳에 온다는 것을 이야기한다. 두 사람은 가볍게 점심 식사를 하며 한 시간가량 이야기를 나눈다.

이 대목에서 두 사람이 같은 책을 읽고 있다는 사실을 알아차린 여자가 주인공에게 먼저 말을 걸었다는 점에 주목할 만하다. 두 사람이 똑같은 소설을 읽고 있었다는 우연의 일치를 알아차리지 못했다면 아무 일도 일어나지 않았을 것이며, 또한 읽고 있던 책이 옆자리 사람과 같았다는 신기한 에피소드를 나중에 누군가에게 이야기한다고 해서 만남이 발생하는 것도 아니다. 만남이 생겨나려면 전혀 모르는 상대와 우연의 일치를 공유하고, 나아가 거기서 이야기를 전개시키는 적극적 개입이 필요하다. 우연히 무언가가 일치할 때만 놓고 보아도 그것을 전혀 알아차리지 못하고 끝나는 경우, 알아차린다 해도 그것만으로 끝나는 경우, 그것을 계기로 만남이나 이야기가 전개되는 경우 등 갈림길은 여러 가지다. 일단 우연의 일치를 실마리 삼아 *적극적으로 개입해* 보지 않으면 앞일은 알 수 없다. *적극적으로 개입해* 봤으나 거기에 아무것도 없다는 사실을 깨닫고 만남이 깊어지지 않는 경우도 있을 테지만 그 역시 의미 있는 일이다. 여기서는 두 인물이 우연히 같은 책을 읽고 있었다는 사실을 알았다 해도, 책에 대한 서로의 감상이 완전히 달랐다면 그 뒤로 이야기가 전혀 전개되지 않았을지도 모른다.

쇼핑몰 서점 한구석의 카페에 가서 책을 읽는 행위는 비일상적 시공간을 만들어 낸다고 앞서 서술한 바와 같이, 그곳에서 이루어지는 두 사람의 만남은 비일상적 시공간에서의 만남이다. 마찬가지로 심리 치료 또한 비일상적 시공간에서 이루어지는 내담자와 상담자의 만남인데, 이처럼 만남에 있어서 그런 시공간은 중요한 요소다. 요컨대 주인공은 마치 심리 상담자처럼 매주 화요일 같은 장소라는 비일상적 시공간을 마련해 만남을 준비했던 것이다.

〈빵가게 재습격〉의 첫 번째 빵가게 습격에서 빵가게 주인은 바그너의 음악을 함께 듣자는 기묘한 제안을 하지만, 음악은 그저 형식적으로 들릴 뿐 진정한 공유에는 이르지 못했다. 이로 인해 만남은 성립되지 않은 채 끝나고 화자의 마음에는 불충분한 느낌이 남는다. 진정한 만남에는 당사자들이 공유하는 무언가가 중간에 존재해서 그것이 양자를 이어 준다. 〈빵가게 재습격〉에서는 바그너의 음악이 공유되지 않았지만 이 이야기에서는 《황폐한 집》이라는 소설이 공유 대상으로 존재하며, 두 사람 다 이 소설 속 세계에 푹 빠져 있다. 두 사람은 각자 독서를 통해 자신의 세계로 깊숙이 들어감으로써 서로가 연결되어 만나며, 그것은 다시 공유로도 이어진다. 만남이라 하면 두 사람이 만난다는 것만으로 충분해 보일 수도 있다. 그러나 깊은 만남에는 반드시 제3의 요소가 존재하며 그것이 꼭 공유되어야 한다. 융 학파의 심리 치료에서 꿈이나 모래 놀이 등을 중시하는 이유도 그것이 만남 속 제3의 요소로 의미를 지니기 때문이라 할 수 있다.

불가능으로부터 전개되다

그다음 주 화요일, 주인공이 같은 서점 내 카페에서 마찬가지로 책을 읽고 있을 때 여자가 왔다. 여기서 비일상성이 반복되어 정기적으로 변한다는 점에 주목할 만하다. 축제나 심리 치료도 비일상성이 정기적으로 반복되는 것이라고 볼 수 있다. 무언가가 반복되면 형식만 남은 의식처럼 진부해질 때도 있지만, 흥미롭게도 반복에 의해 오히려 깊이가 생겨나기도 한다. 이 이야기에서는 반복을 통해 만남에 깊이가 생겨 새로운 전개를 낳는다.

두 사람은 다시 만나자마자 대화를 시작하는 것이 아니라 묵묵히 각자 가지고 온 《황폐한 집》을 읽는다. 이 부분에서는 두 사람의 관계가 곧바로 이야기의 중심이 되지 않고, 만남을 매개한 제3의 요소인 소설이 끝까지 중시된다는 점이 눈길을 끈다. 서로가 공유하는 제3의 요소를 잊어버리거나 그것을 단순히 관계 형성을 위한 수단으로 삼아 버리면, 관계가 지속되지 못하거나 깊어지지 않을 때가 많다.

점심때가 다가오자 여자는 주인공에게 프랑스 음식점에 함께 가자고 권하고, 두 사람은 그녀의 차로 식사를 하러 간다. 그리고 테이블을 사이에 두고 디킨스의 소설에 관해 대화를 나눈다. 식사를 마치고 쇼핑몰로 돌아오는 도중에 여자는 그의 손을 잡으며 어딘가 '조용한 곳'으로 함께 가고 싶다고 유혹한다. 여자는 "전 결혼한 뒤로 이런 짓을 한 적이 없어요. 한 번도요"하고 말한다. 그리고 이렇게 덧붙인다. "하지만 지난 일주일 내내 당신을 생각했어요. 귀찮은 일 만들지 않을게요. 폐도 안 끼칠 거고요. 물론 제가 싫지 않다면, 이라는 얘기지만요." 여기서 둘을 매개하는 제3의 요소는 사라지고, 두 사람은 서로를 직접 마주 보게 된다.

그러나 주인공은 자신이 동성애자라는 사실을 털어놓으며 여자를 거절한다. 상황을 이해하기까지 시간이 조금 걸렸지만, 그가 자신의 바람을 받아주지 않으리라는 사실을 깨닫자 여자는 그의 어깨에 얼굴을 묻고 한참 동안 운다. "그는 기다란 다섯 개의 손가락으로 그녀의 머리카락을 다정하게, 시간을 들여 쓰다듬었다."

여기서 흥미로운 부분은 주인공의 의지가 강해서, 혹은 윤리적으로 옳지 않은 일이라서 여자를 거절한 게 아니라는 점이다. 그는 애당초 동성애자이기 때문에 그녀와 성적 관계를 가질 수 없다. 욕망과 그 불가능성은 라캉의 정신분석 이론과도 통할지도 모른다. 그러나 여기서는 두 사람이 맺어지는 것이 불가능하기 때문에, 상대에게 다가갈 수 없기 때문에 이야기가 심화된다. 게다가 뒤에서도 다루겠지만 이야기는 이 두 사람의 관계를 뛰어넘어 깊이와 넓이를 더해간다.

어쨌거나 연결되는 지점과 연결되지 못하는 지점, 만날 수 있는 지점과 만나지 못하는 지점이 있다는 것은 중요하다. 여기서는 여자가 주인공에게 말을 거는 첫 번째 *적극적 개입*이 있었기 때문에 두 사람의 만남이 가능해졌고, 나아가 유혹이라는 두 번째 *적극적 개입*에 의해 어떤 면에서는 만남의 불가능성이 밝혀진다. 그러나 그 만남은 두 사람의 처음 관계와는 다른 지점까지 깊어진다.

신체적 특징의 겹침

여자의 머리카락을 다정하게 쓰다듬으며 마음을 진정시키던 중, 그는 그녀의 오른쪽 귓불에 점이 하나 있다는 것을 알아차리고 "숨 막힐 듯한 그리움"을 느낀다. 왜냐하면 그의 "두 살 손위 누나에게도 비슷한 위치에 비슷한 크기의 점이 있기 때문이다."

여자와 주인공은 같은 책을 읽고 있다는 우연을 알아차림으로써 만남을 이룬다. 나아가 여자와 누나의 신체의 특징이 우연히 겹침으로써 주인공은 둘 사이의 연결을 느낀다. 무라카미 하루키의 소설에는 신체의 일부에 관한 언급이 매우 많다. 가령 《양을 쫓는 모험》에는 귀가 아름다운 여자 친구가 등장한다. 《1Q84》의 주인공 중 하나인 아오마메는 머리가 좀 벗겨진 남자를 좋아한다. 어느 한 가지 부분적 특징으로 사람을 정의하는 것은 환유적 방식이라고 할 수 있다. 반면 어떤 사람의 성격상 특징이나 전체의 분위기 등으로 그 인물을 파악하는 것은 은유적 방식이다. 정신분석학적 관점에서 보면 처음 만난 사람에게 자신의 부모나 형제의 특징을 투영해 그로부터 유사한 관계를 바라는 경우가 있다. 하지만 여기서 발생한 여자와 누나의 연결은 이런 의미적 차원과는 전혀 관계가 없다. 환유적인 것, 요컨대 우연의 일치는 기존에 의미로 연관되던 것에서 벗어나 비약을 가능케 한다.

여자는 마지막에 "모레 도쿄 도내 병원에 가서 유방암 재검사를 받아야 해요." 하고 말한다. 게다가 "오늘 이렇게 된 건 어쩌면 그 탓도 있었을지 몰라요." "아무한테도 말 안 했거든요. 남편한테도"라고 덧붙인다.

두 사람은 육체관계를 맺지 않았지만 대화는 점과 암이라는 신체적 수준까지 나아간다. 점도 신체에서 불필요한 것이니 암과 비슷한 면이 있으며 간혹 암으로 변하기도 한다. 나의 심리 치료 경험으로 비추어 보아 신체나 죽음이 연관될 때면 우연의 일치가 종종 생겨나는 듯하다. 이는 이른바 마음의 병이 펼쳐 내는 상징성의 차원을 뛰어넘어, 일종의 극한 상황에서 직접성의 차원이 열리기 때문이다.

여자는 주인공을 유혹한 것은 유방암 재검사에 대한 불안감 때문인지도 모른다고 말한다. 누군가를 단순히 좋아하거나 멋있다고 여기는 순수하고도 긍정적이기만 한 만남은 어쩌면 드물지도 모른다. 많은 경우 만남은 어떠한 사정으로 인해 통상적인 생활 리듬이 깨지거나 불안이 덮쳐 와 일상의 맥락에서 벗어날 때, 혹은 불안과 같은 부정적인 감정을 소거하려 할 때 발생하는 듯하다. 그렇다면 만남은 앞으로 나아가서 새로운 것을 시작하는 행위처럼 보일지라도, 실은 무언가로부터 달아나 그것을 무마하려는 행위인 셈이다. 이 여자는 자신이 유방암일 수도 있다는 사실을 남편에게 이야기하고 정면으로 마주하는 것으로부터 달아나고 있다. 그 사실을 남편에게 이야기해야 하지만 그럴 수 없었기에 다른 사람, 즉 주인공과 만나게 된 것이다.

관계는 언제 회복되는가

그다음 주 화요일에 여자는 카페에 나오지 않았다. 주인공은 독서를 마치고 집으로 돌아와 여자의 귓불에 있는 점의 검은 형태를 선명히 떠올린다. 그의 마음속 초점은 누나에게로 옮겨 간다. 그는 오후 두 시 반이 지나서 누나의 집으로 전화를 걸어 보기로 한다. 여기서 흥미로운 것은 그가 두 사람의 점이 닮았다는 우연의 일치를 알아차리는 데서 그치지 않고, 그걸 보고 떠오른 누나에게 전화를 걸어 적극적 개입을 시도한다는 점이다. 또 같은 소설을 읽었다는 우연이 이끌어 준 여자와의 만남은, 점이라는 새로운 우연의 일치를 통해 누나와의 관계 회복과 재회로 발전한다. 이 대목도 마음이 개인 속에만, 혹은 두 사람의 관계 속에만 갇혀 있지 않고 외부로 열려 있음을 암시하며 '만남'은 바로 그 이유로 이루어진다.

그는 십 년이 넘도록 누나와 소원한 상태였다. 누나의 결혼 상대가 그의 마음에 들지 않았던 것이다. 그 남자는 오만한 속물 같고, 동성애라는 그의 성적 지향을 마치 불치의 전염병처럼 취급했다. 그래서 그는 그 남자의 백 미터 이내로는 다가가고 싶지 않다고 생각했다.

이 부분에서 드러나는 그와 누나의 강한 유대 관계와 그것을 훼방하는 매형의 존재가 흥미로운데, 그와 누나는 일종의 근친상간적인 원초의 커플로 보인다. 고대 이집트 등에서 왕족의 결혼이 남매 사이에서 이루어져 고귀한 피에 불순물이 섞이지 않도록 했던 것과 어떤 면에서는 심리적으로 비슷하다. 그와 누나는 성스럽고도 완전한 커플이었던 것이다. 사람들은 파트너에게 외도 상대나 정부가 생기는 꿈을 이따금 꾼다. 현실에서야 당연히 엄청난 사태이며 환영할 만한 일도 아니지만 심리학적으로는 매우 상징적인 의미를 지닌다. 파트너에게 외도 상대가 나타났다는 것은 파트너가 자신에게 만족하지 못해 자신과는 정반대의 사람을 원하고 있을 가능성이 크다는 뜻이며, 그 사람은 융 심리학에서 말하는 자신의 '그림자'를 구현한다고 볼 수 있다. 이 이야기에서 매형은 누나와 남동생 사이의 융합을 깨트리는 존재이며, 주인공 입장에서는 자신과 정반대의 특징을 가진 '그림자' 같은 존재라고 할 수 있다. 그러므로 주인공은 매형을 괜히 싫어하지만 심리학적으로는 그가 매형과 연결되어 있기 때문에 자기 안으로 받아들일 필요가 있다.

주인공이 누나에게 전화를 걸자 다행히 누나가 받아 "무슨 일이야? 전화를 다 하고"라고 묻는다. 이 말에 그는 "모르겠어" "그냥 전화하는 게 좋을 것 같았어. 누나가 신경 쓰였거든" 하고 대답한다. 누나는 그에게 만나자고 청하고, 그는 동네 전철역까지 온 누나를 차에 태워 자신의 아파트로 데려온다. 두 사람은 만나지 않았던 지난 십 년간의 세월을 확인한다. 누나는 그에게 아직 피아노를 치는지 묻고, 그는 "쉬운 곡만"이라고 대답한다. 누나는 그가 피아니스트로 이름을 날릴 줄 알았다고 말하지만, 그는 "내 귀가 내 손보다 훨씬 뛰어났어"라며 "이류 피아니스트가 되는 것보다 일류 조율사가 되는 게 스스로를 위한 길"이라는 사실을 깨달았다고 말한다.

그는 조율의 길로 들어서고 나서야 비로소 피아노 연주가 즐거워졌으며, 피아니스트가 되는 것을 포기하고 나서야 "음악이라는 건 멋지구나" 하고 실감했다고 한다.

그의 말에 누나가 "그런 이야기, 넌 한 번도 해 준 적 없잖아"라고 반응하자, 그는 이어서 "내가 게이란 걸 깨달았을 때도 마찬가지였어" "그렇게 함으로써 나는 겨우 본래의 나로 돌아올 수 있었어"라고 말한다. 누나는 "너를 좀 더 이해해 줘야 했는지도 몰라" "하지만 그전에 우리한테 이런저런 것들을 좀 더 자세히 설명해 줬어도 좋았을 텐데"라고 덧붙이는데, 이에 대해 그는 "설명 같은 건 하고 싶지 않았어" "설명하지 않아도 알아 주기를 바랐던 것 같아. **특히** 누나한테는" "난 그냥 알아주기를 바랐던 거야. 그리고 꼭 안아 줬으면 했어"라고 대답한다. 누나는 눈물을 흘리고, 그는 누나의 어깨에 가만히 손을 얹는다.

그가 누나에게 바라는 것 혹은 예전에 바랐던 것은 피아니스트가 아니라 조율사인, 이성애자가 아니라 동성애자인 자기 본연의 모습을 설명 없이 이해해 주고 긍정해 주는 것이다. 설명하지 않아도 이해해 주고 긍정해 주는 것, 혹은 그러기를 기대하는 것은 응석과 융합의 영역에 속하며, 이야말로 누나와 그 두 사람의 완전한 세계에서 그가 바랐던 것이다. 하지만 본연의 자신이 되는 것은 원초적 융합의 영역, 즉 누나가 기대하는 자신의 모습에서 벗어나는 일이다. 그 지점에서 모순이 생기며, 나아가 그러한 모순에도 불구하고 긍정해 주기를 기대했기 때문에 두 사람은 단절에 이르렀다. 하지만 이제는 설명 없는 긍정을 원한다고 말로 설명할 수 있기에 누나와의 재회라는 형태로 새로운 만남과 연결이 생겨났다. 이는 분리를 거친 연결인 동시에 언어에 의한 설명이라는 분리가 개입된 연결이다. 두 사람은 다시 만나기까지 십 년이 넘는 세월이 필요했고, 그에게는 카페에서 만난 여자의 점을 통해 비슷한 점이 있는 누나를 떠올리는 우연의 일치가 재회의 계기가 되었다.

누나가 "십 년이 넘도록 연락이 없더니, 왜 하필 오늘이야?"라고 묻자 그는 "일이 좀 있었는데, 그래서 누나 생각이 났어"라고 대답한다. 그리고 이는 또 다른 우연으로 이어진다.

말하지 않아도 이해하는 것

누나는 실은 유방암 수술 때문에 내일부터 입원할 예정이라고 말한다. 절제를 해봐야 암의 진행 여부를 확인할 수 있다는 것이다. 이 말에 "그는 한동안 아무 말도 할 수 없었다." 누나가 유방암에 걸렸다는 사실에도 충격을 받았겠지만, 그뿐만 아니라 카페에서 만난 여자와 누나에게 점 말고 다른 신체적 공통점이 있다는 것에도 놀랐기 때문이다.

누나는 그에게 연락을 할지 말지 계속 망설였다고 한다. "똑같이 만나는 거라도 좀 더 밝은 상황에서, 좀 더 긍정적인 기분으로 만나고 싶었어. 그래서 연락하지 않기로 마음먹었지. 그렇지만 마침 그때 네가 전화를 해 줘서……." 이를 듣고 "그는 아무 말 없이 두 팔로 누나의 몸을 정면에서 꼭 껴안았다. 누나의 두 젖가슴의 형태를 자신의 가슴으로 느꼈다."

 이때 그는 십 년 전 자신이 바랐던 것, 즉 '그저 알아주는 것'과 '꼭 껴안아 주는 것'을 누나에게 해 준다. 여기서 입장의 역전이 일어나며 언어가 아닌 방식으로 융합이 회복된다. 바라던 일이 이루어지지 않아서 생긴 상처는 때로 입장이 역전되어 그 일이 실현됨으로써 치유된다.

 누나는 "아까 일이 좀 있어서 내 생각이 났다고 했는데, 대체 무슨 일이야?" 하고 묻고, 그는 다음과 같이 대답한다. "뭐라고 하면 좋을까. 한 마디로는 설명할 수 없어. 하지만 별일 아니야. 우연이 몇 개 겹쳤거든. 우연이 겹쳐서, 그래서 난……." 그는 능숙하게 설명하지 못하고, 책을 통해 만난 여자에 대해서도 말하지 않는다. 누나와 다시 마음이 이어졌다고는 해도 전부를 털어놓고 말할 필요는 없을 것이다. 인연에 대한 불교의 사고방식 중 '하나에 다른 모든 것이 들어 있어서 서로가 이어져 있다'고 설파하는 《화엄경》의 가르침처럼, 일어나는 모든 일은 서로 연결되어 있다. 그러나 심리 치료에서 비밀 유지가 필요하듯이, 어떤 부분은 따로 떼어놓고 섞지 않는 것도 우리에게 일어나는 사건과 만남을 깊이 있게 만드는 데 필요하다. 또한 말로 설명해서 이해하는 것과 말하지 않아도 이해하는 것, 이 두 가지가 모두 존재하는 것이 중요하다고 할 수 있다.

원래의 관계로 돌아가기

누나의 수술은 성공적이었고 암도 전이되지 않았다. 그 뒤 주인공은 누나의 집에 자주 놀러 가고, 조카들과도 완전히 친해져서 조카딸에게는 피아노를 가르친다. 또 매형도 동성애가 전염병이 아니라는 사실을 이해해 주었고, 주인공도 실제로 매형과 어울려 보니 분명 속물이기는 해도 생각만큼 나쁜 사람은 아니었다는 것을 깨닫는다.

앞서 서술했듯이 매형은 그와 누나의 융합을 깨트리는 존재로 나타났으며, 따라서 그의 입장에서는 실제의 모습 이상으로 부정적인 이미지를 투사했던 것으로 보인다. 심리 치료에서 자주 접하는 일인데 그러한 투사가 해소되면 실제로 그 사람이 그 정도로 나쁜 인물은 아니라는 사실을 깨닫고, 그다음부터는 말하자면 마법이 풀린 듯이 관계가 개선된다.

주인공은 자신의 이야기를 듣고 있던 화자에게 "누나랑 화해해서 제 인생이 한 걸음 앞으로 나아갔어요."라고 말한다.

게다가 "저는 마음속 깊은 곳에서 오랫동안 누나랑 화해하고 껴안기를 바랐던 것 같아요"라고도 덧붙인다. 그는 오랜 분리와 단절을 거쳐 누나와의 연결을 회복했다. 심리적 관계는 사회적 관계와 다르다. 동성을 사랑하기는 해도 그에게는 누나와의 관계가 가장 소중한 심리적 관계였던 모양이다. 그는 극단적인 단절을 거쳐 그 소중했던 관계로 되돌아갔다.

서양의 심리학 모델에 따르면 개인의 성장이란 먼저 공동체나 가족과 같은 집단으로 둘러싸인 상태에서 벗어나 분리된 한 사람이 되고, 그런 다음 자신의 파트너를 찾아내어 새로운 연결 관계를 만들어 나가는 것이다. 그림 형제의 동화 중 《개똥지빠귀 수염 왕》과 《황금 새》는 강력한 가족 관계에서 벗어나 파트너를 찾는 이야기라고 할 수 있다. 그중에서도 《개똥지빠귀 수염 왕》에서는 아버지인 왕과의 동일시 때문에 온갖 구혼자를 거부하던 공주가 추방을 당해 아버지로부터 분리되어 짝을 찾는다. 융의 수제자 노이만Erich Neumann의 발달 이론에서도 남성에게는 어머니로부터 분리되어 여성과 파트너 관계로 이어지는 것, 융 심리학적으로 말하자면 어머니의 원형에서 분리되어 아니마*로 이어지는 것을 목표로 제시한다.

---

* 남성이 무의식적으로 지니는 여성적 요소. 반대로 아니무스는 여성이 무의식적으로 지니는 남성적 요소를 뜻한다.

반면 일본의 옛날이야기에서는 인물들이 원래의 관계로 돌아가는 경우가 많다. 가령 가와이 하야오가 《옛날이야기와 일본인의 마음》에서 예로 든 〈오긴과 고긴〉에서는 딸들이 아버지에게 돌아간다. 또 〈뱀 데릴사위〉에서는 데릴사위로 들어온 이질적인 존재가 마지막에 배제된다. 이 또한 〈개구리 왕자〉나 〈미녀와 야수〉처럼 동물의 모습으로 나타난 이질적인 존재와 맺어지는 서양 이야기와는 다른 부분이다.

무라카미 하루키의 작품에서는 근친 간의 연결이 자주 강조된다. 일테면 《해변의 카프카》에서도 가출한 카프카 소년이 신세를 지는 도서관 관장 사에키는 소년의 어머니일 수도 있고, 또 여정 중에 만나는 사쿠라는 소년의 누나일 수도 있다. 하지만 그러한 근친상간적 관계는 완전히 혼자였던 인물이 가족을 발견하는 과정에서 생겨나는 것으로 보인다. 한편 하루키의 다른 작품에서도 인물이 원래의 관계로 되돌아가는 경우가 있다. 가령 《기사단장 죽이기》에서는 주인공이 헤어진 아내에게로 되돌아간다.

앞서 살펴보았듯이 이 단편에서는 주인공과 누나의 관계가 이야기의 중심이 되는 반면, 카페에서 만난 여자는 이야기에서 배제되는 것으로 보인다. 이제부터는 이에 대해 고찰하며 인물들이 어떤 관계와 연결되고 또 어떤 관계와 연결이 끊어지는지를 살펴보고자 한다.

성스러운 것과의 관계

주인공과 여자의 책을 사이에 둔 카페에서의 만남은 두 사람이 매주 화요일에 규칙적으로 만난다는 점, 또 그 장소인 카페가 비일상적이면서도 일정한 장소라는 점 등의 특징이 있으며 그러한 면에서 심리 치료와 비슷하다는 이야기를 앞서 했다. 이제부터는 이 두 사람의 관계를 심리 치료의 치료 관계라는 관점으로 살펴보고자 한다. 치료 관계라 하면 정신분석에서 말하는 전이와 역전이로 이해하는 방식이 대표적일 수도 있지만, 융은 《전이의 심리학》에서 이를 16세기의 연금술 문헌 《현자의 장미 정원》에 나오는 도식에 근거해 '결혼의 사위일체성'[8]으로 설명한다.

연금술은 화학의 전신인 유사과학으로 여겨지기도 한다. 그러나 융은 연금술에서 물질을 변용시키려고 시도할 때 나타나는 마음의 변화에 주목했으며, 나아가 그것을 치료 관계의 모델로 삼고자 했다. 연금술사들은 '신비로운 여동생'이라고 불리는 조수 역할의 존재와 함께 실험을 했다고 한다. 또 플라스크 속 물질의 변용은 왕과 왕비의 결합이라고 상상하며 이를 다양한 도상으로 남겨 두었다. 플라스크 속 물질, 혹은 그로부터 상상한 왕과 왕비의 관계는 연금술사와 조수의 관계에서 제3의 요소라고 볼 수 있다. 따라서 중요한 것은 물질을 다루는 작업에서 일어나는 왕과 왕비의 결합이며, 연금

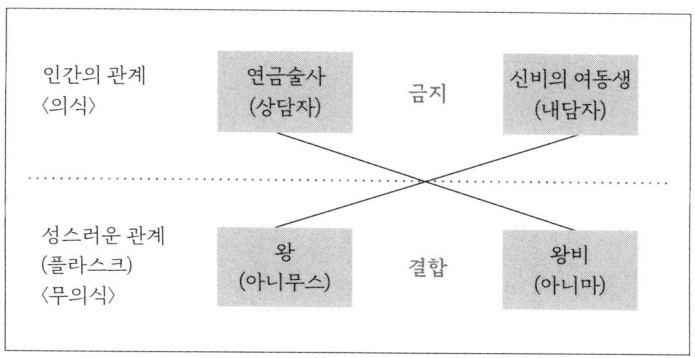

도식 1. 융의 모델: 전이의 심리학(연금술)

술사는 신비의 여동생과 남녀 관계가 되어서는 안 된다. 연금술사와 신비의 여동생은 인간의 관계인 반면 왕과 왕비는 다른 차원에 있는 성스러운 관계다. 이때 교차된 관계, 다시 말해 연금술사와 왕비, 신비의 여동생과 왕의 관계가 중요한 역할을 한다고 보았다.

융은 이를 치료 관계와 전이 관계의 모델에 응용했다. 다시 말해 연금술사에 해당하는 쪽을 상담자, 신비의 여동생에 해당하는 쪽을 내담자로 본 것이다. 물론 상담자와 내담자의 성별은 경우에 따라 달라지며 동성일 때도 있지만 편의상 이 대응 관계로 분석이 이루어진다. 심리 치료에서 시간과 장소 등의 치료 규칙이 강조되듯이 상담자와 내담자는 직접적인 관계를 가지는 것이 금지된다. 그러므로 융이 중시한 결합은 인간의 차원, 의식의 차원에서 일어나는 것이 아니라 왕과 왕비라는 성스러운 관계, 즉 무의식의 차원에서 일어나는 셈이다. 이때 왕비를 무의식의 이성상인 아니마, 마찬가지로 왕을 아니무스로 보며 여기서는 상담자에게서 아니마로, 내담자에게서 아니무스로 향하는 교차된 관계가 중요하다(도식 1).

　이 도식에 절묘하게 들어맞는 것이 무라카미 하루키의 《1Q84》다. 《1Q84》는 덴고와 아오마메의 연애담처럼 보인다. 이제까지 하루키의 많은 작품에서 화자의 연인 또는 아내가 실종되거나 그들과의 관계가 끊겨 상실감과 함께 이야기가 끝난 반면, 덴고와 아오마메의 사랑은 이루어져서 이른바 해피 엔딩을 맞이한 듯하다. 이로 인해 기존의 하루키 팬들 중에는 위화감을 느끼는 사람도 많은 모양이다. 하지만 덴고와 아오마메의 관계에 사이비 종교 집단의 리더와 그 딸 후카에리까지 포함시킨 네 사람의 관계를 결혼의 사위일체성 도식에 적용해 보면 결말에 대한 이해가 원활해진다. 요컨대 리더와 후카에리는 연금술에서 왕과 왕비 관계에 해당하는 신성한 커플이고, 덴고와 아오마메의 사랑은 인간의 차원에 속한다. 그전까지 하루키의 작품에서 사랑이 이루어지지 않은 이유는 사랑에서 성스러운 관계를 바라고 또 그것을 투영했기 때문으로 보인다. 반면 《1Q84》에서는 아오마메가 '살해'라는 형태로 리더와 연결되고, 같은 날인 폭풍이 부는 밤 덴고는 후카에리와 성적으로 연결된다. 요컨대 이들은 결혼의 사위일체성 도식처럼 교차하는 형태로 성스러운 존재와 연결되는

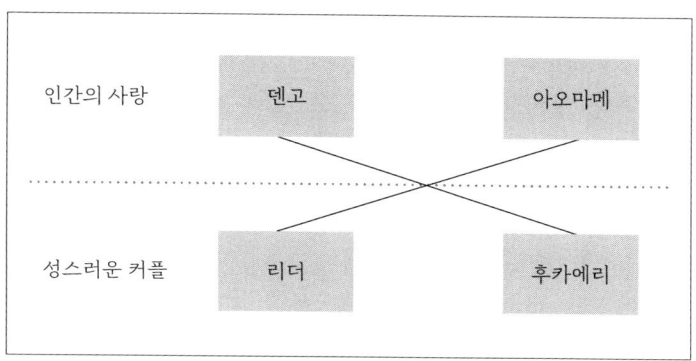

도식 2. 《1Q84》와 결혼의 사위일체성

것이다(도식 2). 게다가 그 관계로부터 분리됨으로써 성스러운 관계의 차원과 인간관계의 차원이 구분되었기 때문에, 인간의 관계인 두 사람의 사랑이 이루어졌다고 할 수 있다.

같은 방식으로 이 도식을 〈우연 여행자〉에 적용해 보면, 주인공과 여자가 화요일에 카페에서 만나는 것은 상담자와 내담자 관계의 차원이면서 연결되어서는 안 되는 인간의 차원이라고 볼 수 있다. 그로부터 주인공은 점과 유방암이라는 우연한 연결을 통해 자신의 누나와 이어진다. 누나와 쌍을 이루는 인물은 매형일 수도 있으며, 이는 주인공의 입장에서 보면 이른바 무의식 속 '그림자'의 존재에 해당한다(도식 3). 반면 여자는 자신의 남편과 이어져야 했으나 잘 이어지지 않았다. 또 이 도식에 따르면 〈빵가게 재습격〉에서 해저 화산으로 나타나는 수직성은 인간관계의 차원이 아니라 그로부터 구분

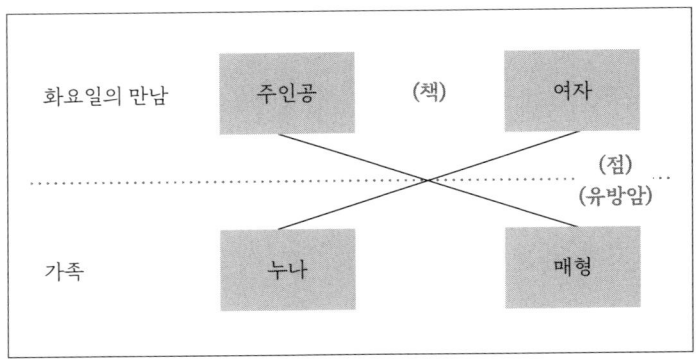

도식 3. 〈우연 여행자〉에서의 교차된 관계

되는 성스러운 것과의 관계, 즉 의식적 관계의 차원이 아니라 무의식적 관계의 차원으로 볼 수 있으며 부부 관계에서는 제3의 요소가 된다. 그리고 그것은 〈빵가게 재습격〉에서, 특히 최종 버전에서는 두 사람 사이에 전혀 공유되지 않는다.

우연을 통한 재회

〈빵가게 재습격〉에서는 만남이 폭력으로 이루어지기는 했으나 공유물이 딱히 없었기 때문에, 혹은 수직적 차원의 결여로 인해 끝내 실패한다. 반면 〈우연 여행자〉에서는 같은 책을 읽는다는 공유를 매개로, 또 우연에 의해 만남이 발생한다. 만남이 우연에 의해 발생하는 것으로 보아 만남의 가능성은 무한히 존재하는 듯하다. 만남의 기회는 어디에나 존재하고, 인연에 대한《화엄경》의 가르침처럼 모든 존재는 그물망으로 연결되어 있다.

단, 〈우연 여행자〉의 우연히 같은 소설을 읽는다는 공통점에서 발생한 만남은 주인공의 성적 지향으로 인해 보다 깊어지지는 않았으며, 어떤 측면에서는 만남에 실패한 것으로도 보인다. 하지만 이 만남의 실패를 계기로 점과 유방암이라는 또 다른 우연의 일치가 발생함으로써 주인공은 누나와 만남(재회)을 이룬다. 이는 모든 것은 근본적으로 연결되어 있으며 만남의 가능성은 무한히 펼쳐져 있다는 점을 다시금 암시하는 듯하다.

이 이야기는 만남이란 언제 어디서나 펼쳐지며 우리는 그것을 심화시켜 나갈 수 있다고 강조하는 동시에, 어떤 만남에 *적극적으로 관여하고 무엇을 끊을지가* 얼마나 중요한지도 함께 말하고 있다.

제 2 장

잠시 만났고, 그대로 멀어졌다

〈빵가게 재습격〉에서는 만남이 폭력적으로 요구되었음에도 불구하고 공허하게 끝나 디태치먼트에 머무른 반면, 〈우연 여행자〉에서는 만남의 실패를 계기로 다른 인물과의 재회가 제대로 이루어진 것을 앞서 확인했다. 무라카미 하루키의 작품 속에서 만남의 양상은 이처럼 변화하고 심화해 왔다. 만남을 성립시키는 요소라고 볼 수 있는 우연성과 그 매개물로서의 예술 작품에 주목하며, 이번 장부터는 단편집《일인칭 단수》에서 몇 가지 작품을 뽑아내어 그 속에 그려진 각각의 만남을 살펴보고자 한다. 이 작품들은 만남의 근본적 요소를 거듭 제시하는 동시에 다양한 만남의 장면들을 보여 준다. 가장 먼저 다룰 작품은 〈돌베개에〉다.

그저 그뿐인 만남

이 단편의 화자는 대학교 2학년 학생으로, 대중적인 이탈리아 음식점에서 아르바이트를 하던 중 일을 그만두는 여자 동료의 송별회에 참석했다가 그녀와 하룻밤을 보낸다. 이야기는 다음과 같이 시작된다.

여기서 말하려는 것은 한 여자에 관한 이야기다. 하지만 나는 **전혀**라고 해도 좋을 정도로 그녀에 대해 아는 것이 없다. 이름도 얼굴도 떠오르지 않는다. 아마 그쪽 역시 내 이름과 얼굴을 기억하지 못할 것이다.

한 여자에 대해 이야기를 하려는데도 그녀의 이름과 얼굴이 떠오르지 않고, 게다가 그녀 역시 화자의 이름과 얼굴을 기억하지 못하리라는 것은 매우 기묘한 일이다. 두 사람의 관계가 얼마나 얕은지가 이를 통해 강조된다. 문자 그대로 붙일 이름도 없는 관계인 것이다. 애당초 그 여자에 대해, 혹은 그런 관계에 대해 이야기를 하는 것에 의미가 있는지 의문이 들 정도다.

하지만 그토록 얕은 연결에도 불구하고 두 사람은 커다란 비약을 통해 육체관계라는 이른바 농밀한 사이에 이른다. 그만큼 가까워졌으니 그로부터 새로운 관계가 펼쳐지고 지속될까 하면, "이름도 얼굴도 떠오르지 않는다"라는 서술로 보아 그런 일은 전혀 없는 모양이다. 그 여자는 화자에게 완전히 잊혀서 아무 일도 없었던 양 멀어진다.

화자는 아사가야에, 여자는 고가네이에 산다. 송별회 후 두 사람은 아르바이트를 하는 식당이 있는 요쓰야역에서 함께 주오선을 타고 귀갓길에 오른다. 두 사람이 이용하는 노선이 우연히 겹쳐서 같은 전철을 타는 것은 이 만남의 중요한 요소가 된다. 겹치는 우연 없이는 만남이 이루어지지 않는다. 하지만 우연만으로는 진정한 만남이 발생하지 않으므로 이에 더해 어떤 행동이 필요하다. 먼저 내릴 역에 닿은 화자가 좌석에서 일어나 작별 인사를 하려고 하자 여자는 묻는다.

"있잖아, 혹시 괜찮으면 오늘 너희 집에서 자고 가도 될까? (…) 고가네이는 너무 멀어서."

여자가 화자의 집에서 자고 가고 싶다고 말하기 전까지 화자가 내심 여자에게 매력을 느껴 가까이 다가가려고 했다거나, 혹은 여자가 유혹적이었다거나, 아니면 서로 알게 모르게 호감을 느껴 대화가 무르익었다는 식의 이전 단계나 개연성은 전혀 찾아볼 수 없다. 둘이서만 함께 시간을 보내자는 여자의 제안은 몹시 갑작스럽다. 게다가 두 사람 사이에는 그 이후의 전개도 없다. 그런 면에서 이제까지 일터에서 얼굴을 마주했다고는 하나 이는 단순한 만남이자 일회성 조우라고 볼 수 있다. 한 마디로 로맨틱한 분위기가 전혀 없다. 그뿐만 아니라 "내가 딱히 그녀를 원했던 것도 아니고, 그녀 역시 딱히 나를 원하지 않았다"라는 서술에서 드러나듯이 욕망조차 존재하지 않는다. "그녀는 단지 그날 밤 혼자서 고가네이까지 전철을 타고 가고 싶지 않았다—그저 그뿐이다." 여기에는 독자가 납득할 만한 이유가 없다.

  범죄 사건의 보도 같은 것을 접하면 우리는 동기나 배경을 알고 싶어 한다. 합리적인 이유가 없으면 받아들이기 힘들뿐더러 우리의 마음에도 담기지 않기 때문이다. 어떤 동기나 이유가 있으면, 그 결과가 설령 범죄처럼 말도 안 되거나 비뚤어진 것일지라도 우리는 다소나마 납득하고 안심한다. 하지만 이 여자가 화자의 집에 묵으려고 했던 것에는 납득이 가는 이유가 없다. 있었다고 해도 "그저 그뿐"이라는 말처럼 '그냥 그렇게 된 것'이다. 거기에는 우리의 마음이 들어갈 여지가 없다.

낭만도 주저함도 없는

이 "그저 그뿐"이라는 이유 같지 않은 이유에 따른 행동은 포스트모던적 의식과 태도에서 나온 것이라고 볼 수 있다. 카뮈의 《이방인》에서 주인공은 살인의 이유를 묻자 "태양이 너무 눈부셔서"라고 대답하는데, 이 또한 이유가 될 수 없는

"그저 그뿐"인 태도다. 이는 합리적 이유를 바탕으로 살아가는 근대적 의식과도, 또 공동체와 신화적 세계로 둘러싸인 전근대적 태도와도 다르다.

전근대 세계에서는 사람들이 공동체 속에서 늘 일정한 상대와 함께 생활했으므로 서로에 대해 잘 아는 것이 당연했다. 그 안에서 우연한 만남은 존재하지 않았다. 결혼 상대도 부모나 친척이 정해 주는 경우가 대부분이었다. 공동체에 속한 사람과 이른바 '외부인'의 구별은 또렷했다. 하지만 그와 동시에 요바이夜這い*나 신전 무녀† 등을 통해 '마레비토稀人'‡, 즉 신과 연결될 수도 있었으며 그런 점에서는 다른 세계에서 온 존재와의 조우가 가능했다. 예컨대《도노 이야기》§에는 그처럼 다른 세계에서 온 존재와의 우연한 만남이 절묘하게 묘사되어 있으며, 그중 제5화에는 산에서 사냥꾼이 다른 세계에서 온 듯한 여자를 만나 갑자기 총을 쏘아 쓰러트리는 장면도 나온다.

반면 근대적 의식이란 공동체에서 독립하여 확립된 개인

---

* 밤에 남자가 연인의 침소로 숨어들어 정을 통하던 일.
† 신전을 찾는 이방인과 성스러운 성적 결합을 맺었던 여성들.
‡ 일본의 민속학자 오리구치 노부오가 사용한 용어로 일정한 때 다른 세계에서 찾아오는 영적 존재를 뜻하며 외부에서 오는 손님을 가리키기도 한다.
§ 일본의 민속학자 야나기타 구니오가 이와테현 도노 지방의 민간 설화와 전설을 모아서 출판한 책.

의 의식이다. 자신을 둘러싸고 있던 공동체와의 연결을 잃고 자유로워진 의식은 새롭게 연결될 상대를 찾는다. 그것이 바로 '낭만적 사랑romantic love'이라고 할 수 있다. 근대적 의식은 그 유일성과 연속성에 대응하여 사랑에서도 유일성과 연속성을 요구하며, 한 사람의 절대적 상대에 대한 사랑을 갈구한다. 또 공동체로부터의 분리에 호응하듯이 그 사랑의 대상은 흔히 공동체의 반대나 금지에 부딪힌다. 여기서는 뛰어넘기 불가능해 보이는 그 벽을 극복하는 것이 중요하며, 그 과정은 이야기가 된다. 중세 유럽의 궁정문학에 나오는 고귀한 여인과 기사 사이의 연애나 낭만파 문학에서 그리는 여성에 대한 영원한 사랑은 그러한 근대적 의식에 따른 결과물이다. 나쓰메 소세키의 작품에서도 다가가기 어려운 신비로운 여성을 향한 사랑이 자주 묘사된다.

반면 〈돌베개에〉에서 나타난 두 사람의 사이는 전근대적 관계나 근대적 관계가 아니다. 두 사람은 같은 일터에서 근무했으나 거기에 공동체적 결속이나 연결은 없었다. 그나마 송별회를 통해 연결 같은 것이 다소나마 드러나지만 그 또한 "송별회라 할 만큼 거창한 것은 아니다." "이런저런 잡담을 주고받았을 뿐"이라는 대목에서 알 수 있듯이 그 송별회는 공동체의 긴밀한 결속이 느껴지는 모임은 아니었다. 구성원들이 서로를 잘 알았던 전근대 공동체의 관계와는 전혀 다르게, 이 단편에서는 서로를 잘 모르며 알려고 하지도 않는다. 또 그 여자와의 만남은 갑작스럽게 발생했다 해도 전근대 세계에서처럼 다른 세상에서 온 성스러운 존재와의 조우가 아니다. 자신의 문맥에서 벗어난 임의적 상대와의 만남이기는 하지만, 전근대 세계의 만남처럼 상대가 다른 세계나 신의 나라에서 왔다고 여기지 않는다. "우리는 두 개의 직선이 교차하듯이 어느 지점에서 잠시 만났고, 그대로 멀어졌다." 이는 그야말로 포스트모던적인 만남이라 할 수 있다.

예전에 나의 다른 저서에서도 다루었지만[9], 무라카미 하루키의 《스푸트니크의 연인》에는 나쓰메 소세키가 쓴 《산시로》와의 은근한 비교를 통해 포스트모던적 만남의 특징을 묘사하는 대목이 있다. 중증의 대인 공포증 환자였던 나쓰메 소세키는 근대적 의식의 확립으로 인해 고통을 겪었던 듯하다.

대인 공포증은 일본인에게 전형적으로 나타나는 심리적 증상인데, 오늘날의 진단 기준으로 사회 불안 장애에 가깝다. 그러나 사회 불안 장애와 달리 가족과 같은 친밀한 사람이나 전혀 모르는 사람에게는 불안을 느끼지 않는 반면, 이웃이나 같은 학교 친구 등 적당히 아는 사람은 무섭게 느낀다. 다시 말해 이는 공동체적 인간이 지니는 불안이라고 할 수 있으며, 공동체를 벗어나 개인으로서 자신을 확립하려 하기 때문에 불행이 발생한다고 볼 수 있다.

《산시로》의 주인공 산시로는 규슈에서 도쿄로 향하는 기차에서 만난 여자에게 성적인 유혹을 받지만 응하지 않는다. 이는 근대적 의식 특유의 거부감이 작용한 것으로 보이는데, 낭만적 사랑의 기준을 충족하지 않는 것은 근대적 의식으로 수용하기 힘들기 때문이다. 그 순간에만 관계를 맺고 이후에는 모르는 존재로 내버리는 것은 근대적 의식이 추구하는 인격의 연속성이라는 관점에서 봤을 때 허용하기 어려운 일이다. 만에 하나 그런 짓을 저지르면 무거운 죄책감에 시달릴 것이다.

하지만 《스푸트니크의 연인》의 화자는 여행지에서 만난 여자의 유혹을 받고 하룻밤을 함께 보낸다. 여자는 결혼을 앞두고 있었고, 자신의 약혼자에 대해 "아주 좋은 사람이야"라고 말한다. 하지만 근대적 의식을 가진 인물이라면 느꼈을 법한 갈등이나 죄책감은 그녀에게서 찾아볼 수 없다. 화자와 약혼자는 그녀 안에서 아무런 문제 없이 평행하게 존재한다. 〈돌베개에서〉의 관계 역시 상대에 대해 전혀 모르는 채로 아무런 낭만적 감정 없이 이루어졌고 주저함도 전혀 없었다. 그러므로 이는 포스트모던적 의식 특유의 관계라고 말할 수 있다.

이름을 부른다는 것

화자와 같은 역에서 내린 여자는 그의 좁고 초라한 다세대주택으로 함께 가고, 두 사람은 캔 맥주를 마신다. 시간을 들여 맥주를 다 마신 뒤 "여자는 당연하다는 듯이 내 눈앞에서 스르륵 옷을 벗더니 눈 깜짝할 사이에 알몸이 되어 이불 속으로 들어갔다. 나도 그 뒤 그녀처럼 옷을 벗고 이불 속으로 들어갔다." "서로의 몸이 조금씩 따뜻해지고 긴장이 풀려가는 것을 우리는 문자 그대로 피부로 느낄 수 있었다. 그것은 이상하게도 친밀한 느낌이었다."

이 대목의 묘사는 연애담에서 흔히 보이는 유혹의 줄다리기나 로맨틱함이 전혀 없는 데다 성적 관계에서 욕망도 느껴지지 않는다는 점이 매우 인상적이다. 여기서도 통상적인 관계나 그것을 다룬 이야기에서 볼 수 있는 에로틱한 접근 또는 유혹의 과정이 완전히 빠져 있다. 두 사람은 어느 시점에 이르자 함께 알몸이 되어 같이 이불속에 들어간다. 성적 관계로의 접근이 몹시 직접적이고 즉물적인 것이다. 확실히 그건 '이상하게도 친밀한 느낌'이라고밖에 표현할 길이 없을지도 모른다.

놀랍게도 그때 여자는 화자에게 이렇게 묻는다.

"있지, **절정**에서 어쩌면 다른 남자 이름을 부를 수도 있는데 괜찮아?"

《스푸트니크의 연인》에서 화자가 하룻밤을 함께 보낸 여자에게는 약혼자가 있었고, 화자와 관계를 맺는 것이 그녀 안에서 약혼자와 평행하게 존재했다. 또 여자는 그 사실을 화자에게 나중에 털어놓기도 한다. 하지만 〈돌베개에서〉의 인물 간 관계가 조금 다르다. 화자는 여자의 이름도 얼굴도 기억하지 못한다. 여자도 아마 훗날 화자의 이름과 얼굴을 떠올릴 수 없을 것이다. 한데 여자에게는 좋아하는 사람이 있고, 그 이름을 부르고 싶다고 말한다. 화자는 "뭐, 상관없어" 하고 동의한다. "결국 그냥 이름일 뿐이다. 이름으로 뭐가 바뀌는 건 아니다."

하지만 이름은 개인의 동일성을 만들어 내어 고정시킨다. 그것은 임의적이지 않다. 여권 제도를 비롯한 수많은 사회 질서는 이름을 바탕으로 성립된다. 게다가 전근대 세계에서 이름은 마술적 힘을 지니고 있었다. 이름을 알면 그것을 이용해 상대를 지배하거나 악용할 우려가 있었다. 그래서 진짜 이름을 밝혀서는 안 되었고, 그런 위험을 피하기 위해 통칭을 사용했다. 그 흔적으로 이를테면 영어권에서는 부모가 아이를 애칭으로 부른다. 아이를 정식 이름으로 부르는 것은 무언가 심각한 일을 전해야 할 때다. 또 옛날이야기에는 진짜 이름을 알아내어 상대를 지배하거나 쓰러트리는 일화가 많다. 예를 들어 일본의 옛날이야기 〈목수와 도깨비 로쿠〉에서는 주인공 목수가 도깨비에게 다리를 놓아 달라고 한 대가로 눈알을 빼앗길 뻔하지만, 도깨비 아이들이 부르는 노래에서 '오니로쿠'라는 이름을 엿듣고 내기에서 도깨비를 이긴다. 현대의 판타지 소설이기는 하지만 미국 작가 어슐러 K. 르 귄의 《어스시의 마법사》에서도 진짜 이름을 안다는 것은 상대와 결혼하거나 그를 조종한다는 뜻이다. '그림자'와 싸우던 게드는 그 그림자가 자신이라는 사실을 깨닫고 "게드" 하고 이름을 부름으로써 그림자를 소멸시켜 자기 자신과 통합할 수 있었다.
 그러나 〈돌베개에〉에서는 여자가 관계 중인 상대와는 다른 사람의 이름을 외친다. 다시 말해 상대가 대체 가능한 존재라는 뜻이다. 여자는 "너도 **절정**일 때 그 사람의 이름을 불러도 돼. 나도 그런 거 신경 안 쓰니까"라고 말한다. 화자에게는 당시 좋아하지만 사정이 있어 관계가 잘 진척되지 않는 여자가 있었으나 그 이름을 부르지 않는다. 근대적 의식이 '유일한 나'와 '그런 나의 유일하고도 절대적인 상대'를 중시하는 반면, 포스트모던적 의식에서는 '절대적인 나'와 '그런 나의 절대적인 상대'가 존재하지 않으며 상대는 끊임없이, 말하자면 임의적으로 대체된다. 이름조차 의미를 가지지 않는다.
 이처럼 포스트모던적 의식에서는 대상이 끝없이 바뀌는 듯이 보이지만, 이 단편에서는 '좋아하는 사람'이라는 고정된 지점이 존재하는 것도 흥미로운 부분이다. 상대가 다른 사람으로 대체되어도 그리로 되돌아가기는 하는 것이다.

특징적 일부에 이끌리다

 낭만적 사랑에서는 상대를 둘도 없이 유일하고 아름다운 존재로 보며, 그 사람의 전체적인 인격에 매료된다. 하지만 이 단편에서 아름다움은 아무런 의미가 없다. 여자는 자신이 좋아하는 남자에 대해 "나를 그 정도로 좋아하는 건 아니야. 정식 애인도 따로 있고"라고 말한다. 하지만 여자는 이어서 이렇게 덧붙인다. "그는 말이야, 내 몸이 고프면 나를 불러." "난 얼굴은 **못생겼**지만 몸은 최고래."

여자가 좋아하는 남자는 따로 애인이 있으면서도 그녀와 육체관계를 맺는다. 그 남자에게는 애인이든 이 여자든 상대의 유일성이라는 개념이 없으며, 또 아름다움이라는 요소가 중요하지도 않다. 이 말을 들은 화자는 "그녀가 딱히 **못생겼다**고는 생각하지 않았지만, 확실히 미인이라고 하는 건 좀 힘들었을지도 모른다"라고 서술한다. 아름다움이나 매력은 분명 낭만적 연애 관계에서 중요한 요소인데, 이 세계에는 그런 요소가 전혀 개입되지 않는다. 여기서는 극단적인 반反낭만적 사랑이 드러나 있다.

화자는 이어 여자에 대해 "구체적으로 어떻게 생겼는지 지금은 하나도 기억나지 않아서 자세히 묘사할 수는 없지만"이라고 말한다. 아름답고 말고를 떠나 화자에게는 그녀의 인상 자체가 엷다. 그럼에도 불구하고 화자는 여자의 몇 가지 부분적 특징을 명확하게 묘사한다.

"코 옆에 작은 점 두 개가 별자리처럼 나란히 있었다."

또 성관계 도중 여자가 큰 소리로 남자의 이름을 부르는 것을 막기 위해 그녀의 치아 사이로 수건을 강하게 밀어 넣었을 때 이가 매우 튼튼해 보였다는 것도 또렷이 기억하며 "치과 의

사가 봤다면 무심코 감동할 정도"라고 서술한다. 요컨대 여자의 전체적인 인격이나 특징은 몹시 모호한 반면, 부분적 특징은 매우 자세하고 선명하게 묘사되어 있다. 헤어질 때 화자는 여자가 입은 오버코트의 둥근 깃에 달린 은방울꽃 모양의 은색 브로치를 보고 그것을 기억한다. 신체의 일부는 아니라 해도 이 역시 점이나 치아와 마찬가지로 부분적인 특징이다. 화자는 여자에 대한 마음은 전혀 드러내지 않는 반면 "은방울꽃만은 왠지 예전부터 좋아했다"라며 호의적인 감정을 내비친다.

'나비 같은 사람'과 같은 은유가 어떤 사람의 전체적 특징을 파악하는 방식인 데 반해 환유는 부분적 특징에 초점을 맞춘다. "몸은 최고"라는 표현도 상대라는 존재를 전체적으로는 중시하지 않는 환유적 방식으로 볼 수 있다.

이 단편뿐만 아니라 무라카미 하루키의 작품에서는 귀의 형태나 벗겨진 머리 등 신체의 일부에 초점을 맞추는 환유적 인식이 두드러진다. 여기서는 상대방을 성격이나 전체적인 분위기 또는 아름다움이 아니라 지극히 부분적인 요소로 선택하는 경향이 엿보인다. 상대의 전체적인 인격을 중시하지 않는 포스트모던적 선택과 관계는 완전히 임의적이 될 수도 있다. 그 경우 신체의 어떤 특징이 일종의 브레이크가 되어 선택의 기준점으로 떠오른다. 꿈을 꾼 뒤 등장인물이나 어떤 장면의 부분적 특징만 선명하게 기억하는 것 역시 환유적 인식 방식이라고 할 수 있다.

예술을 통한 정서적 교감

임의적 만남이나 대체 가능한 만남은 무라카미 하루키 초기의 포스트모던적 작품 세계에 가깝다. 또 이른바 디태치먼트에서 커미트먼트로 전환했다고 일컬어지는 1995년 이후의 작품에서도 초기와 같은 만남의 방식이 자주 묘사된다.

《1Q84》에서 주인공 중 하나인 아오마메는 어린 시절 만난 소설가 지망생 덴고와의 재회와 사랑을 결국 이루어 낸다. 하지만 아오마메는 머리가 좀 벗겨진 남자를 좋아하고, 이야기 초반에 누군가의 의뢰를 받아 어떤 남자를 살해하는 한편 일회성 성관계를 반복한다. 사람을 살해하는 것도 머리가 벗겨진 남자들과 하룻밤 짜리 성관계를 가지는 것도 만남의 극단적 형태 중 하나로 볼 수 있다. 상대 남성은 임의적이고 대체 가능하며, 단지 그 부분적 특징에 의해 임의성에 제동이 걸려 있을 뿐이다. 그렇다면 〈돌베개에〉의 만남도 이와 마찬가지일까?

〈돌베개에〉의 만남이 무라카미 하루키의 초기작 속 만남들과 결정적으로 다른 점은 단카라는 예술 작품이 관계에 개입해 두 사람 사이에서 어느 정도 공유된다는 것이다. 하룻밤을 함께 보내고 다음 날 아침에 일어나 토스트를 먹을 때 여자는 갑자기 "난 단카를 지어" 하고 말한다. 화자는 그 말에 흥미를 보이고, 그것이 "그냥 형식적으로 맞장구를 치는 것이 아니라"고 느낀 여자는 자신이 지은 단카집을 한 권 보내 주기로 약속하며 화자의 이름과 주소를 묻는다. 화자는 "정말로 보내 줄 거라고는 거의 기대하지 않았지만" 일주일 뒤 여자의 단카집이 화자의 집에 우편으로 도착한다. 단카라는 예술 작품의 공유 이전에 여자가 화자의 이름과 주소를 정확하게 알았다는 것도 만남에서 중요한 의미를 지닌다. 또 단카집에는 본명인지 필명인지 알 수 없으나 '지호'라는 이름이 적혀 있다. 상대의 이름도 얼굴도 기억하지 못했지만, 이 대목에서 이름과 주소라는 고정된 지점이 생겨나며 이 만남은 다른 양상을 띠기 시작한다.

〈빵가게 재습격〉에서 빵가게를 습격한 두 사람은 바그너의 음악을 함께 듣기는 했으나 진심으로 그 음악을 즐기며 빵가게 주인과 공유하지 못했고, 따라서 진정한 만남이 이루어지지 않았다. 반면 〈우연 여행자〉에서는 같은 카페에 있던 주인공과 여자가 디킨스의 소설 《황폐한 집》을 우연히 똑같이 읽고 있었고, 그 작품의 매력을 공유하는 것을 계기로 두 사람은 깊은 차원에서 만남과 관계를 가질 수 있었다. 이처럼 어떤 예술 작품을 공유할 수 있다는 것은 만남의 중요한 요소다.

이 단편 〈돌베개에〉에서는 단카를 공유한다. 화자는 "나름대로 마음의 준비"를 하고 마흔두 수의 단카가 실린 단카집을 읽는다. 그리고 "그저 개인적인 관심이 좀 있어서" 훑어봤음에도 불구하고, 화자는 "거기에 실린 단카 몇 수에 마음이 끌리고 있음을 깨닫"는다.

한마디로 단카는 두 사람 사이에서 진정으로 공유되는 셈이다. 게다가 그중 여덟 수 정도는 화자의 "마음 깊은 곳에 가닿는 **어떤** 요소를 지니고 있었다."

그리고 그 예로 다음의 두 수가 제시된다. 이 시들은 죽음과 표리일체인 지금 이 순간의 강렬함을 노래하고 있는데, 응축된 '지금'이야말로 만남을 성립시키는 요소다.

지금 이 순간 / 그것이 지금이라면 / 이 지금을
꼼짝할 수 없는 / 지금으로 삼는 수밖에

산바람에 / 목이 잘려 / 말이 없구나
수국 뿌리에 / 유월의 물

"신기하게도 단카집을 펼쳐 거기에 큼지막한 검은 활자로 인쇄된 그 시들을 눈으로 좇으며 소리 내어 읽자, 그날 밤에 본 그녀의 몸이 머릿속에 고스란히 되살아났다."

다시 말해 이름도 얼굴도 기억나지 않는 여자였음에도 단카를 통해 그녀가 화자의 머릿속에 생생하게 되살아났고, 그로써 두 사람은 재회 혹은 첫 만남을 이루었다. 이는 그야말로 예술 작품을 통한 만남이라고 할 수 있다.

관계에 여운을 남기다

 이 단카는 두 사람에게 심리 치료의 꿈이나 모래 상자 같은 '제3의 요소'로 보인다. 융 학파의 심리 치료에서는 이미지가 중요하다. 내담자는 상담자에게 본인의 이야기만 하는 것이 아니라 인상적인 꿈에 대해 말하기도 하고, 그림을 그리거나 모래 상자를 만들기도 한다. 그러한 이미지들은 일반적으로 내담자의 내면이 드러난 것으로 본다. 이미지로 내면을 표현하고, 그것이 바뀌어 나감으로써 내담자의 마음도 변화하고 치유된다고 여기는 것이다.

 그러나 융이 적절히 지적했듯이[10] 꿈이나 모래 상자 등의 이미지는 내담자의 내면세계를 표현하는 데 그치지 않는다. 그것은 내담자와 상담자 사이에서 발생한 제3의 요소이며, 바로 그것이 융 심리학에서 말하는 '영혼'이다. 융 심리학에서 개인을 넘어선 마음*을 중시하는 이유는 단순히 신화적이거나 상징적인 내용에 착목해서가 아니라, 그것이 제3의 요소로 배치되기 때문이다. 내담자가 자신의 꿈을 상담자에게 이야기하거나 모래 상자를 만드는 것처럼, 〈돌베개에〉에서도 분명 단카는 '지호'라는 필명의 여자가 지었으므로 그녀의 작품

---

* 융 심리학의 중심 개념이자 인류의 역사와 문화를 통해 공유된 정신적 자료의 집합인 집단무의식을 말한다. 집단무의식은 수많은 원형으로 구성되며, 이들은 신화, 민속, 예술 등에서 보편적으로 나타나는 주제를 재현한다.

이다. 하지만 그 작품이 화자의 '마음 깊은 곳'에 가닿았다면 그것은 단순히 그녀의 작품이기만 한 것을 넘어서 두 사람 사이에 제3의 요소로 떠오른 셈이다.

제3의 요소는 그저 둘 사이에서 공유되는 것에 머무르지 않고, 그 공유를 통해 두 사람을 감싼다. 또 두 사람의 인간관계는 수평적인 반면 여기서 단카로 나타난 제3의 요소는 수직적이다. 〈빵가게 재습격〉에서 해저 화산으로 드러난 수직적 에너지는 이야기의 흐름 속에서 습격이라는 수평적 행위로 전환되었다. 〈돌베개에〉에서 상대와의 수평적 관계는 이름도 얼굴도 기억나지 않는 헛돌기로 끝났으나 단카는 수직적 세계를 열어 주었고, 그 수직적 심화를 통해 두 사람은 연결된다. 그러한 수직적 심화와 공유에 기반한 관계야말로 사람과 사람 사이의 진정한 연결이라고 할 수 있다.

마찬가지로 심리 치료에서도 상담자와 내담자 사이의 수평적 상호작용뿐만 아니라, 꿈이나 이미지와 같은 제3의 요소를 매개로 한 수직적 심화를 통해 치료 과정에 깊이와 확장성을 얻는다. 이 이야기에서 단카를 통한 깊은 연결이 두 사람의 관계를 현실에서 변화시키지 않는다 해도, 단카가 연 수직적 세계는 독자의 마음에 울림을 준다.

다른 차원에서의 재회

〈우연 여행자〉에서는 주인공과 여자가 디킨스의 《황폐한 집》을 공유함으로써 서로에게 다가가 만남을 이루었다. 이와는 반대로 〈돌베개에〉에서는 단카라는 예술 작품이 만남의 계기가 되는 것이 아니라 인물들이 만나고 헤어진 다음에 공유된다. 이를 통해 화자는 여자를 사후적으로 재발견하고, 두 사람은 '재회'를 이룬다.

묘하게도 여자의 단카 중에는 만남을 읊은 작품이 있다.

두 번 다시 / 만나지 못하리라 / 생각하면서도
못 만날 리 없다는 / 생각도 드네

만날 수 있을까 / 그냥 이대로 / 끝나 버릴까
빛에 이끌리고 / 그림자에 짓눌리네

"두 번 다시 / 만나지 못하리라"라는 구절처럼 현실에서 두 사람은 두 번 다시 만나지 못할 수도 있다. 하지만 같은 단카에서 뒤이어 "못 만날 리 없다는 / 생각도 드네"라고 읊고 있듯이 다른 차원에서는 두 사람이 만남에 성공한 듯하다. 실제로 단카를 읽은 화자는 그녀와의 만남을 생생히 떠올렸고, 그런 면에서 두 사람은 재회를 이루었다.

현실에서 제대로 된 형태로 만나지 못했기 때문에 화자는 "나중에 남겨진 것은 소소한 기억뿐이다. 아니, 기억조차 그리 믿을 만하지 않다"라고 말한다. 하지만 "그래도 만약 행운이 따른다면, 때로는 몇 가지 말이 우리 곁에 남는다." 화자가 여자와 만났다는 사실은 불확실하며 기억에도 또렷이 남아 있지 않지만 단카로 읊은 말은 남는다. 이러한 사후적 만남과 흔적이야말로 만남과 예술(문학)의 본질이라고 할 수 있다. 말은, 즉 예술은 마음 깊은 곳에 새겨져 남는다. 그것이 만남을 되살아나게 해 준다.

사후적이라는 단어에서 알 수 있듯 대체로 예술은 무언가를 보고 체험하여 감동한 결과로서 뒤늦게 태어난다. 실제 체험이 그다지 강렬하지 않거나 기억에서 금세 사라질지라도 그로부터 탄생한 예술은 영원히 남을 때가 있다. 하지만 여자의 단카는 이 두 사람의 만남을 바탕으로 지은 것이 아니다. 단카는 두 사람이 만나기 전부터 존재했으며, 어떻게 보면 그것이 두 사람의 만남을 만들어 냈다고도 할 수 있다.

그런 뜻에서 단카를 통한 만남이 단순히 사후적이라고만은 할 수 없다. 사람들은 저마다 자신의 이야기를 가지고 있으며, 그로 인해 체험이나 만남이 발생하는 것은 비교적 흔한 일이다. 때로는 부모와의 관계에서 생겨난 패턴을 벗어나지 못하거나 비극적인 연애를 비슷하게 반복하기도 하고, 또 자신의 이야기를 되풀이하는 데 중독되기도 한다. 하지만 여기서 등장한 것은 이야기보다 추상성이 한 단계 더 높은 단카다. 그러므로 화자는 단카를 통해 뒷날 자신의 체험을 되돌아보며 심화시킬 수 있었다.

더 깊은 곳으로 들어가는 법

무라카미 하루키의 장편에서는 작품 속 작품을 통해 보다 깊은 차원으로 들어가는 경우가 잦다. 하루키의 작품 자체가 어찌 보면 현실로 여겨지지 않는 불가사의한 세계를 그리고 있지만, 그 안에 등장하는 또 다른 이야기나 작품은 한층 더 신비로운 세계를 보여 준다. 예컨대 《스푸트니크의 연인》에서는 그리스의 섬에서 휴가 도중 갑자기 사라진 스미레가 남긴 플로피 디스크 속 일기를 통해 어째서 그녀가 모습을 감춰야 했는지, 그녀가 사랑한 뮤의 비밀스러운 체험은 무엇인지, 나아가 두 사람 사이에서 어떤 일이 일어났는지 밝혀진다. 《태엽 감는 새 연대기》에서는 그처럼 불가사의한 작품 속 이야기가 몇 개나 등장한다. 가령 마미야 중위가 들려주는 전쟁 이야기 중 몽골에서의 체험담은 살아 있는 사람의 피부를 벗겨 내는 대목이 있는 등 매우 폭력적이고 기묘하며, 그 배경에서 전근대적 통과의례의 느낌이 배어난다. 피부를 벗기는 것은 뱀의 탈피처럼 죽음과 재생의 의식이다.

게다가 시나몬이라는 과묵한 청년의 컴퓨터에 남겨진 기묘한 이야기도 있다. 《1Q84》에서는 후카에리라는 신비로운 소녀가 쓴 〈공기 번데기〉라는 소설이 작품 속 작품이 되어 불가사의한 차원의 문을 연다. 작품 속 작품은 상자 속에 든 또 다른 상자처럼 이야기의 더욱 깊은 곳, 마음의 더욱 깊은 곳으로 독자를 초대한다.

 이처럼 하루키는 '이야기'를 키워드로 삼고 있다. 〈공기 번데기〉가 전형적으로 그러하듯이 그의 많은 소설에서 작품 속 작품은 이야기의 형태를 띤다. 〈우연 여행자〉에서는 기존 소설이기는 하나 디킨스의 《황폐한 집》이 작품 속 작품으로 등장한다. 그러나 작품 속 작품이 반드시 이야기인 것은 아니다. 《기사단장 죽이기》에서는 「기사단장 죽이기」라는 그림이, 〈빵가게 재습격〉에서는 바그너의 음악이 그에 해당한다. 이야기처럼 명확하지는 않지만 음악도 작품 속 작품으로서 중요한 역할을 하는 경우가 많다.

 〈돌베개에〉에서는 여자가 지은 단카집이 작품 속 작품이다. 여자의 단카는 만남과 그 만남을 가능하게 하는 지금이라는 시간에 의미를 부여한다. 그저 어쩌다 가진 일회성 만남으로 여겼던 것에 단카가 깊은 뜻을 더해 주는 것이다.

살아남아 기억될 말들

〈돌베개에〉에서 묘사된 두 사람의 만남은 대체로 초기 무라카미 하루키 작품에서 나타난 디태치먼트의 양상을 띤다. 두 사람은 하룻밤을 함께 보냈음에도 서로의 이름과 얼굴을 기억하지 못한다. 한번 관계가 맺어졌지만 그것에 끈질기게 매달려 헌신하려는 자세가 없다. "그저 어쩌다 보니 갖게 된" 일시적인 관계이기에 그들은 서로의 삶을 금세 스쳐 지나간다.

이제까지는 이 이야기 속에서 여자가 지은 단카만이 유일하게 디태치먼트와 동떨어져 있다는 점을 살펴봤다. 그렇다면 비교적 최근 작품임에도 불구하고 〈돌베개에〉에는 《태엽 감는 새 연대기》 이후 중시되어 온 커미트먼트의 요소가 없는 것일까? 〈돌베개에〉의 주인공인 화자는 끝없이 흐름에 떠밀려 가고만 있는 것일까?

주인공은 표면적인 것과는 다른 차원에서 이 관계에 헌신하고 있다. "그래도 만약 행운이 따른다면, 때로는 몇 가지 말이 우리 곁에 남는다." 이처럼 기억에도 남지 않을 만남인데 말은 남는다고 한다. "살아남은 말들은 땅 위로 가만히 얼굴을 내밀"지만 그것은 저절로 생겨나지 않는다. 살아남을 말들을 위해서는 관계에 대한 *적극적인 헌신*이 필요하다.

하지만 그런 인내심 강한 말들을 만들거나 찾아내어 뒷날까지 남기려면 사람은 때로 자신의 몸을, 자신의 마음을 무조건적으로 바쳐야 한다. 그렇다, 우리의 목을, 겨울 달빛이 비치는 차디찬 돌베개에 올려놓아야 하는 것이다.

여기서는 관계에 헌신하려는 화자의 강한 의지가 엿보인다. 말을 "뒷날까지 남기"기 위해서는 "자신의 몸을, 자신의 마음을 무조건적으로 바쳐야" 한다. 이는 그야말로 목숨을 거는 일이다. 그렇기 때문에 "우리의 목을, 겨울 달빛이 비치는 차디찬 돌베개에 올려놓아야 하는 것이다."

이는 말로 이루어지는 예술 작품을 향한 헌신인 동시에 깊은 차원의 만남을 위한 헌신이기도 하다. 이 헌신은 사후적으로만 가능해 보이지만, 여자가 먼저 단카를 짓고 있었다는 점을 생각해 보면 실은 흐름에 떠밀려 가는 삶이 묘사된 작품 전반부부터 이미 존재했다고 할 수 있다.

제 3 장

만약 까닭이란 게 있다면

포스트모던적 만남은 끊임없이 다음 만남으로 옮겨 가므로 한 가지 사물 또는 한 사람에게 머무르거나 깊어지지 않는다. 하지만 이 단편집 《일인칭 단수》에서는 그처럼 끝없이 옮겨 가는 포스트모던적 찰나의 만남 또는 만남의 실패로부터 예상치 못한 깊은 차원이 생겨난다. 수평으로 미끄러지는 도중에 갑자기 수직의 차원이 열리는 것이다. 〈돌베개에〉에서는 단카가 깊은 차원을 열었다면, 이번 장에서 다룰 단편 〈크림〉에서는 또 다른 만남이 발생함과 동시에 수수께끼가 중요한 역할을 한다.

일상의 공백에서 생겨난 사건

이 단편은 화자가 열여덟 살 때 경험한 기묘한 사건을 아는 동생에게 이야기해 주는 형식으로 구성되어 있다.

앞서 서문에서 언급한 바와 같이 어떤 체험은 누군가에게 이야기를 함으로써 사실이 된다. 설령 객관적인 사실일지라도 혼자서만 남몰래 간직하고 있으면 사실이 되지 않는다. 융학파의 독일 심리학자 볼프강 기게리히도 말했듯이, 자신의 고통스러웠던 경험이나 때로는 본인이 저지른 끔찍한 짓을 심리 치료에서 상담자에게 이야기하는 것에는 남다른 의미가 있다. 상담자에게 그 경험을 공유하여 사실로 만듦으로써 비로소 마음이 정리되고 매듭이 지어지기 때문이다. 여러 해 전에 저지른 범죄를 굳이 자수하는 것도 어쩌면 같은 이유일 수 있다.

화자가 동갑 친구나 선배가 아니라 아는 동생에게 이야기를 하는 것에도 특별한 의미가 있는데, 이에 대해서는 마지막 장면에서 자세히 살펴보고자 한다.

이 이야기의 주인공인 '나'는 열여덟 살 재수생이다. 열여덟 살은 고등학생에서 대학생으로 옮겨 가는 시기이자 어디에도 속하지 않고 개방되어 있으며 아무것도 시작하지 않은 상태다. 물론 태어나서 고등학교를 졸업할 때까지 살아온 과거가 있고 그로 인해 이미 고정되어 더는 바꿀 수 없는 것도 있지만, 열여덟 살은 앞으로 시작될 대학 생활과 그 이후의 사회인 생활을 앞둔 여전히 가능성으로 가득한 나이다. 게다가 화자는 특정한 대학이나 학부에 들어가고 싶다는 확고한 목표를 가진 열정적인 재수생이 아니었기에 "재수 학원도 가지 않고 도서관을 들락거리며 두꺼운 소설만 읽었다." 말하자면 모라토리엄 상태에 있는, 그 어떤 것에도 관여하지 않는 모습이다.

그런 해의 10월 초, 화자는 예전에 함께 피아노를 배웠던 '소위 예쁘장하게 생긴' 한 학년 아래의 소녀로부터 합동 피아노 연주회 초대권을 받는다. 소녀와는 같은 선생님께 피아노를 배웠고, 딱 한 번 모차르트의「네 손을 위한 피아노 소품」을 연탄으로 친 적이 있다. 하지만 화자는 열여섯 살 때 피아노 레슨을 그만뒀고 그 이후로는 소녀와 만난 적이 없었다. 이제 와서 왜 갑자기 그런 연주회에 초대한 것일까? 화자에게 그것은 의외라기보다 오히려 당황스러운 일이었다. 심지어 소녀는 함께 연탄곡을 칠 때도 자주 틀리는 화자에게 늘 화를 냈으므로 화자를 부정적으로 보고 있었을 것이며, 예쁘장한 그 아이가 화자 같은 "평범하기 짝이 없는 남자애"에게 관심이나 호감을 가지는 것은 있을 수 없는 일로 여겨졌다.

우리는 평소 정해진 일정에 얽매여 살아간다.

예컨대 직장을 다닌다면 정시에 출근해 정시에 퇴근하고, 그 사이에 정해진 업무와 일정을 처리한다. 학생들에게도 학교 시간표가 있고 학원과 과외 활동이 있다. 집에 온 뒤에도 해야 할 일이 있고 가족과의 생활 리듬이 있다. 더군다나 회사나 학교를 가지 않는 날에도 여행이나 놀이 계획 등으로 일정이 차 있다. 하지만 화자는 그런 일정이나 생활 리듬에 딱히 얽매여 있지 않다. 물론 일반적인 재수생이라면 바쁘게 학

업 진도를 나갈 계획과 예정이 있었겠지만, 지망하는 학교도 명확하지 않고 제대로 공부도 안 하면서 "1년 동안 빈둥빈둥 시간을 보냈던" 화자는 그렇지 않다. 이처럼 일정이 비어서 공백이 생기면 그리로 무언가가 흘러 들어오는 경우가 있다. 평소에는 차례차례 밀려드는 일정으로 하루가 꽉 차지만, 거기에 시간의 공백이 생기면 그 틈새로 예기치 못한 것이 들어올 가능성이 생긴다. 그러면 시간이 남아도는 만큼 어디에 홀린 것처럼 그에 응하게 된다.

이와 같은 공백은 때로 커다란 창조의 기회가 된다. 수많은 위대한 과학적 발견은 과학자들이 멍하게 있을 때 떠오른 아이디어에서 기인했다고 알려져 있다. 또 그러한 때 터무니없거나 바보 같은 생각이 떠오르기도 한다. 이른바 '빈둥거리다 사고 치는' 상황이다. 화자는 예전에 함께 피아노를 배웠던 소녀에게서 연주회 초대장을 받고, 딱히 공부하느라 바쁜 것도 아니었기에 뭔가에 홀린 듯이 그 초대에 응한다.

화자가 갑작스러운 연주회 초대에 응한 것에 대해서 "까닭을—만약 **까닭**이랄 게 있다면—알고 싶었던 것도 이유 중 하나였다"라고 말하는 대목도 인상적이다. 뚜렷한 목적도 없이 되는 대로 사는 듯한 화자에게도 이유를 알고자 하는 마음이 깊게 자리하고 있는 것이다. 우리는 이유가 없는 것은 쉽게 받아들이지 못하고, 이유가 있으면 일단 안심한다. 이 이야기는 수수께끼의 이유를 풀고자 하는 마음으로부터 동력을 얻는다.

사건은 더욱 미궁 속으로

"초대를 받았으니 뭐라도 가져가야겠다는 생각이 들어서, 역 앞 꽃집에서 적당한 꽃을 골라 꽃다발을 만들어 달라고" 한 뒤 화자는 버스를 타고 고베의 산 위에 있는 연주회장으로 향한다. 꽃다발을 미리 준비하는 것이 아니라 역 앞 꽃집에서 사는 임기응변식의 느슨한 태도와, 그럼에도 남을 신경 쓰며 무언가를 챙기는 배려심이 뒤섞여 있다는 점이 화자의 성격과 의식을 잘 표현해 준다. 남을 신경 쓴다는 후자의 특징에 호응하듯이 화자는 화려한 빨간 꽃다발을 든 자신을 버스의 주변 승객들이 힐끗힐끗 쳐다보는 것 같아서 얼굴을 붉힌다. 이는 전형적인 대인 공포증의 징후이자 자의식의 표현이다. 아무것도 신경 쓰지 않고 포스트모던하게 되는 대로 사는 듯이 보여도, 화자에게는 근대적 의식이 깃들어 있거나 아직 남아 있다는 것이 이 대목에서 드러난다. 그리고 그러한 면모는 뒤섞인 의식으로 나타난다.

꽃다발을 들고 버스를 타서 "어째서 난 이런 곳에 있는 걸까?" 하고 자문하는 대목에서도 스스로를 돌아보는 자기반성의 의식이 엿보인다. 포스트모던적 의식은 기본적으로 앞으로만 나아간다. 고정된 자기 자신이 존재하지 않기에 뒤를 돌아보는 일이 없다. 반면 여기서는 스스로를 돌아보는 근대적 의식의 투영이 엿보인다.

버스가 산을 올라가며 승객은 점점 줄어든다. 화자는 "초대장에 적힌 정류장에 도착했을 때 차 안에 남은 건 나와 운전사 둘뿐이었다"라고 서술한다. 이 부분에서 이미 연주회 초대 자체가 수상쩍다는 낌새를 풍긴다. 아무리 소규모 연주회라지만 화자 말고도 연주회장으로 향하는 사람들이 더 있어야 하며, 만약 그렇다면 그들은 화자와 같은 버스를 탔을 것이기 때문이다. 화자는 버스에서 내려 엽서에 적힌 대로 언덕길을 올라가지만, 역시나 "막연했던 불길한 예감"이 점점 커지고 "뭔가 이상하다"는 느낌이 든다. 연주회가 열리는 날인데도 거리를 돌아다니는 사람이 없고, 언덕 위로 자신을 추월하는 자동차도 없으며, 주변에서 인기척도 느껴지지 않기 때문이다. 걱정이 되어 초대장에 적힌 장소와 날짜를 확인하지만 화자의 착각은 아니다.

'그런데'라고 해야 할지 '역시나'라고 해야 할지, 화자는 "간신히 찾던 건물에 도착했을 때 그 거대한 쌍여닫이 철문이 굳게 닫혀 있는" 것을 본다. 문패를 보니 틀림없이 연주회가 열리는 건물이지만, 인터폰을 눌렀는데 아무도 나오지 않고 시각은 이미 연주회 시작 십오 분 전이다. 다시 한번 인터폰을 눌렀으나 전혀 반응이 없다. 화자는 "육중한 철문에 기대어 십 분쯤 그곳에 서 있었다." 그러나 누군가가 나타날 수도 있다는 옅은 기대에도 불구하고 아무도 나타나지 않는다. "그래서 나는 결국 포기했고(그것 말고 대체 뭘 할 수 있었을까?),

무거운 발걸음으로 왔던 길을 되돌아가기 시작했다."

열릴 예정이었던 연주회에는 아무도 오지 않았고, 연주회장 문도 닫혀 있었으며, 자신을 초대한 소녀와도 만나지 못했다. 이는 완벽한 만남의 실패다. 만남出会い이란 예기치 못한 형태로 누군가를 마주한다는 뜻이지만, 화자는 예전에 알고 지낸 사람에게 초대를 받았음에도 불구하고 예기치 못한 형태로 만남에 실패한 셈이다. 또 자신이 왜 갑자기 연주회에 초대받았는지 알고 싶다는 것이 초대를 수락한 중요한 이유였음에도 연주회는 처음부터 열릴 기미조차 없었다. 초대장을 보낸 소녀와도 만나지 못했기에 화자는 소녀에게 직접 물어서 이유를 들을 기회마저 잃고 말았다. "도무지 영문을 알 수 없었다"라는 서술처럼, 모처럼 수수께끼를 풀기 위해 일부러 소녀를 만나러 갔는데도 수수께끼는 더욱 미궁으로 빠져 버렸다.

신에게 맡길 수 없는 수수께끼

어쩔 수 없이 화자는 집으로 향하는데, 언덕을 조금 내려가다 보니 작은 공원이 있어서 마음을 정리하기 위해 그리로 들어가 정자 벽에 달린 벤치에 앉는다. 그리고 자신이 몹시 지쳐 있다는 사실을 깨닫는다. 영문을 알 수 없는 상황에 직면하여 공중에 붕 뜬 상태가 되었기에 피로가 몰려들었을 것이다. 어째서 이런 일이 일어났는지 해답을 구하는 마음으로 화자는 벤치에 앉는다. 앞으로 나아가지 않고 일단 멈춰 서서 자신을 돌아보기 위해.

그러자 "이윽고 멀리서 누군가의 목소리가 들리기 시작"한다. 만약 이 단편이 하나의 꿈이라면 여기서 들려오는 누군가의 목소리는 막다른 골목에서 해답을 구하는 마음에 대한 응답이라고 해석할 수 있다. 실제로 이 대목에는 "어쩌면 그것은 나를(나만을) 향한 개인적인 메시지일지도 모른다는 생각이 문득 들었다" "내가 무엇을 착각했는지, 무엇을 놓쳤는지 누군가가 일부러 가르쳐 주러 온 것이다"라는 서술이 있기 때문에 마치 화자의 심정에 부응하여 목소리가 들리는 것처럼 느껴진다. 꿈의 경우 그 속에서 생겨나는 것은 전부 자신을 향한 개인적인 메시지이자 자신의 마음이 만들어 내는 것이다. 그러므로 꿈에서 밤길을 걸으며 무섭다고 생각하면 그 공포에 응하여 사나운 개나 불량배가 나타나 자신을 덮치거나 쫓아온다. 이 대목에서 들려온 누군가의 목소리도 수수께끼의 해답을 구하는 화자의 마음에 맞춤한 응답으로, 화자의 심리 상태와 서로 호응한다.

하지만 알고 보니 목소리는 기독교 선교 차량에서 들려오고 있었다. "사람은 모두 죽습니다" "모든 사람은 죽은 뒤 그가 저지른 죄에 따라 엄하게 심판받습니다"라는 절망적인 말이 화자의 귀에 꽂힌다. 그렇게 상대를 몰아넣은 뒤, 목소리는 "그러나 예수 그리스도에게 구원을 청하고 자신이 저지른 죄를 회개하는 사람은 주님께 그 죄를 용서받습니다"라는 구원의 말을 읊는다.

화자는 자신에게 불쑥 내밀어진 수수께끼에 대한 설명을 바랐으므로, 그 목소리는 수수께끼의 풀이가 될 수도 있다.

"나는 그 기독교 선교 차량이 눈앞의 도로에 모습을 드러내며 사후의 심판에 대해 더 자세히 이야기해 주기를 기다렸다. 아마도 나는, 뭐라도 좋으니 강하고 단호한 어조로 하는 말을 듣고 싶었던 것 같다."

영문을 알 수 없어서 혼란스러울 때 어떤 설명이나 대답을 들으면, 설령 그것이 부정적인 내용일지라도 납득하고 안도하게 된다. 궁지에 몰리면 평소에는 믿지 않을 말이라도 지푸라기를 잡는 심정으로 덜컥 믿어 버릴 때가 있다. 안타깝게도 그런 심리는 악용당하기 쉬워서 주어진 해답에 대한 대가로 터무니없는 금전을 요구받거나 집단에 대한 복종을 강요당하는 경우가 많다.

그러나 "차는 나타나지 않았다." 어느 순간부터 목소리는 작아지고, 다른 길모퉁이에서 꺾어 간 것인지 이윽고 아무것도 들리지 않는다. 화자는 "온 세상으로부터 버림받은 듯한 기분"을 맛본다. 화자는 초대장을 보낸 소녀에 이어 여기서도 또다시 누군가가 자신을 버리는 듯한 느낌에 휩싸인다. 신도 침묵했으므로 신과의 마주침과 만남이 실패한 것이다.
 이 만남이 실패한 이유로 화자에게 기독교 혹은 기독교적 사고방식은 구원이나 해답이 아니라는 점을 들 수 있다. 다시 말해 유일신을 섬기는 일신교처럼 절대적인 중심을 가지는 사고방식은 화자에게 맞지 않는다. "강하고 단호한 어조로 하는 말"을 듣고 싶었으나 명확한 구조를 가지고 명료하게 구원하는 것은 화자가 납득할 수 없는 일이다.
 유럽에서 성립한 자율적 자아를 중심으로 하는 근대적 의식은 역사적으로 강력한 일신교의 신을 그 배경에 둔다. 남을 배려하거나 얼굴을 붉히는 화자에게서도 근대적 의식의 특징이 다소 엿보이지만 그것과 완전히 동일시할 수는 없다. 또 목소리가 죄책감을 강조한다는 점도 눈여겨볼 만하다. 죄책감 또한 원죄와 함께 기독교 신앙 속에서 중요한 부분이며, 스스로 책임을 지거나 스스로를 탓하는 등 **나 자신과의 관계**를 전제로 한다.
 나 자신과의 관계는 스스로를 못난 존재로 여기는 열등감 등 부정적인 마음으로 흐르기 쉬운 탓에 숱한 심리적 증상의 원천이 된다. 가령 우울증은 스스로를 탓하며 공격하고, 죄책감을 느끼며 침울해하고 상처받는 것에서 비롯된다. 그러나 자신이 품고 있는 죄책감을 신이 해소해 준다는 소리는, 화자의 귀에 어렴풋이 들려오기는 했으나 그가 동일시할 수 있는 이야기에는 이르지 못했다.

결국 잃어버린 목표

"나는 그 아이에게 **속은** 건지도 모른다. 그 순간 문득 그런 생각이 들었다. 어디선가 그런 생각이 머릿속에 떠올랐다." 영문을 알 수 없는 상황에 직면하면 난처한 나머지 상상이 여러 방향으로 가지를 뻗는다. 때로는 망상인 경우도 있지만 그것이 맞는지 틀렸는지도 모르는 채로 우리는 무슨 설명이든 떠올리려고 한다. 화자에게 떠오른 설명은 소녀가 모종의 이유로 자신을 속이기 위해 열리지도 않을 연주회에 초대했다는 것이다. 그것은 "개인적인 앙심이나 미움" 탓일 수도 있고, 화자를 "불쾌하게 생각했"기 때문일 수도 있으며, 그저 재미를 위해서였을 수도 있다. 화자에게 원한이 있었을 수도 있고, 소위 몰래카메라처럼 쾌감을 목적으로 한 속임수였을 수도 있다. 수수께끼의 원인은 소녀라는 타자의 탓으로 돌려지려 한다. 이러한 상상 역시 수수께끼를 풀려는 또 다른 시도다.

우리는 종종 마음이 답답할 때면 그것을 타자에게 투영해 타자의 탓으로 돌린다. 불안을 느낄 때 가까운 사람에게 괜스레 화풀이를 하는 것도 그 한 예시고, 본인이 집에 두고 왔을 뿐인데 물건을 잃어버렸다며 누가 훔쳐 간 게 아닐까 의심하는 것 역시 마찬가지다. 이 메커니즘을 심리 치료의 한 방법으로 활용하는 것이 정신분석에서 말하는 전이와 역전이다.

내담자는 자기 안에 있는 분노나 의존심 등의 감정을 상담자에게 쏟아 내고 그로써 치료의 진전을 꾀한다. 상담자가 타자로서 목표물이 되는 것이다.

그러나 이 단편의 화자는 냉정하고 객관적이기에 소녀를 탓하는 생각을 계속 고집할 수 없다. "이렇게나 공들여서 누군가를 속이는 짓을, 사람이 그저 악의만으로 할 수 있을까?" 화자는 냉정하게 자문한다. 이 대목에서 화자는 소녀에게 미움을 살 만한 행동을 한 기억이 없다면서도 "하지만 사람은 자기도 모르는 사이에 남의 마음을 짓밟거나 자존심에 상처를 입히거나 불쾌감을 안길 때가 있다"라고 서술하는데, 이처럼 화자가 그런 가능성을 염두에 두고 있다는 점이 인상적이다. 이는 자기도 모르는 사이에 일어난 타자와의 부정적인 만남을 암시하지만, 이 이야기에서는 더는 그쪽 방향으로 전개가 진행되지 않는다. 그러나 나중에 다룰 단편 〈일인칭 단수〉에서는 이것이 문제가 된다.

화자는 객관적으로 검토하는 능력이 있는 만큼 소녀가 자신을 속이려 했다고 착각하지 않는다. 그러므로 수수께끼에 대한 이 두 번째 풀이도 화자를 납득시키지 못한 채 사라진다. 자신을 속이는 타자가 사라졌기 때문에 화자는 홀로 남겨져 "감정의 미로"를 헤매고, 그의 "의식은 **목표물**을 잃어버"리는 결과에 이른다. 그리고 "정신을 차려 보니 숨이 잘 쉬어지지 않아서" 과호흡 비슷한 증상이 나타난다.

화자는 당시 일 년에 한두 번쯤 그런 증상을 겪고는 했지만 "자라면서 점차 그런 경우가 드물어졌"고, "어느새 얼굴이 붉어지는 일도 없어졌다"고 한다. 뒤집어 말하자면 당시에는 자신이 의지할 수 있는 고정된 지점을 찾고 있었기에, 그것이 보이지 않으면 과호흡 비슷한 패닉 장애의 증상이 나타났던 것이다. 화자는 자신을 의식하고 주체를 확립해 가는 과정에서 얼굴이 붉어지는 대인 공포증의 증세를 보였다고 할 수 있다. 사춘기는 자의식이 가장 강해지는 시기여서 그러한 증상이 흔히 나타난다. 그러나 화자가 근대적 의식의 확립을 지향하지 않게 되며 증상도 점차 사라진 것으로 보인다. 이는 특정 나이대의 문제이기도 하겠지만, 일본인의 대표적 심리 증상이었던 대인 공포증이 1980년대 이후 점차 줄어든 것으로 보아 시대적 문제도 있었을지 모른다.[11]

뜻밖의 인물과 뜻밖의 만남

"그 자리에 웅크려 앉아 눈을 감고, 몸이 정상적인 리듬을 되찾기를 인내심을 가지고 기다리는" 평소의 방법을 쓰던 중 화자의 눈앞에서 인기척이 느껴졌다. 천천히 눈을 뜨고 고개를 들자 "맞은편 벤치에 어느 틈에 한 노인이 걸터앉아 나를 똑바로 쳐다보고 있었다."

이 이야기는 포스트모던적 만남의 실패로부터 시작되었다. 초대받은 연주회는 열리지 않았고, 예전에 함께 피아노를 배웠으며 연주회에 출연할 예정이었던 소녀와 재회해야 했지만 그러지 못했다. 하지만 이 만남의 실패로 인해, 다시 말해 굳이 연주회가 열릴 거라 믿고 연주회장이라는 장소를 찾아갔기 때문에 화자는 집으로 돌아가는 길에 예기치 못한 다른 만남을 가진다. 그것이 이 노인과의 만남이다.

하나의 만남에서 다른 만남으로 옮겨 가는 것. "하나의 시니피앙(기표)은 주체를 다른 시니피앙에 제시한다"* 라는 라캉의 말처럼 이는 끊임없이 옮겨 가는 환유적 움직임을 따른다. 만남의 상대로부터 자신에게로 되돌아오는 근대적 의식의 양상이 아니라, 끝없이 대상을 바꾸며 자신을 돌아보지 않는 매우 포스트모던적인 양상이다. 한데 이 단편집《일인칭 단수》는 대부분의 이야기에서 어떤 만남이 또 다른 만남으로 옮겨 가는 게 아니라 멈춘 지점에서 예기치 못한 깊이와 전개를 보여 준다는 특징이 있다. 그리고 이 단편에서는 그것이 바로 낯선 노인과의 만남이다.

아무리 그렇다 해도 이는 실로 기묘한 만남이다.《1Q84》의 아오마메가 하룻밤만 함께 보낼 남자를 찾아 끊임없이 만남

---

* 주체는 특정 기표에 의해 고정되지 않고 기표들 사이에서 끊임없이 이동한다는 뜻.

의 대상을 바꾸듯이, 포스트모던적 만남에는 욕망에 따라 임의적으로 대상을 바꾸는 측면이 있다. 반면 소녀, 즉 젊은 여성과의 만남에 실패한 화자 앞에 등장하는 것은 다른 여성이 아니라 낯선 노인이다. 게다가 이 노인은 화자를 스쳐 지나가는 행인이 아니다. "나를 똑바로 쳐다보고 있었"고 "시선은 나에게 고정한 채 한순간도 흔들리지 않았다"라는 묘사에서 느껴지듯이, 노인은 화자를 정확히 겨냥해 만나러 왔다.

화자는 "마른 중키"의 노인을 관찰하고, "청회색 털 카디건"과 같이 그의 복장을 자세히 묘사한다. 그리고 그 복장에 대한 느낌을 "전부 새것이었던 때로부터 적지 않은 세월이 흐른 듯했다. 하지만 허름해 보이지는 않았다"라고 절묘하게 표현한다. 이 대목은 세월이 그만큼 지나 버렸다는 쓸쓸함과 함께 그래도 노인에게 에너지가 남아 있음을 암시한다. "단단히 접은 검은 장우산을 지팡이처럼 양손으로 움켜쥐고" 있다거나 그 우산이 "여차할 때는 무기도 될 법했다"라는 서술에서는 상반된 두 가지 면모가 노인에게 동시에 존재한다는 것이 드러난다. 또한 이러한 양면성은 노인의 복장 묘사와 잘 어우러진다.

또다시 수수께끼만 남았다

노인은 시선을 화자 쪽으로 고정시킨 채 침묵하고 있다가 갑자기 입을 연다. "중심이 여러 개 있는 원이야." 이것이 침묵 속에서 화자를 겨냥하던 노인이 건넨 만남의 말이다. 화자가 아무런 대꾸도 하지 못하자 노인은 다시 한번 "중심이 여러 개 있는 원이야" 하고 차분한 목소리로 거듭 말한다. 얼이 빠진 화자는 "원이라고요?" 하고 묻는다. 이에 대해 노인은 다음과 같이 대답한다.

"중심이 여러 개 있고, 아니, 때로는 무수히 있으면서 둘레가 없는 원." 노인은 이맛살을 찌푸리며 말했다. "그런 원을, 자네는 떠올릴 수 있겠나?"

화자는 곰곰이 생각해 보지만 중심이 여러 개이면서 둘레가 없는 원 같은 건 떠올릴 수 없다. 연주회가 열리지 않았고, 게다가 자신을 초대해 준 소녀와도 만나지 못했다는 수수께끼를 품고서 그 해답을 찾으려 하던 화자는 여기서 또 다른 수수께끼를 마주한다. 화자는 노인에게 "모르겠어요" 하고 대답하며 "그런 원은 수학 시간에 배운 적 없는 것 같은데요"라고 덧붙인다.

이에 대한 노인의 말은 핵심을 찌른다.

"아, 물론이지. 당연한 거야. 학교에서는 그런 걸 안 가르쳐 주니까. 정말로 중요한 건 학교 같은 데선 거의 안 가르쳐 주거든. 자네도 알다시피 말일세."

화자는 고등학교를 졸업하기는 했으나 여전히 뭐든 학교에서 가르쳐 주고 또 그것을 배울 수 있으리라 생각하는 아이 같은 상태에서 벗어나지 못하고 있다. 그는 아직 어른으로 향해 가는, 사회로 향해 가는 이행기에 있다. 학교에서는 정말 중요한 건 가르쳐 주지 않는다는 사실을 인식하지 못하고 있다.

그런 원이 실제로 존재하는지, 눈에 보이는지 묻는 화자에게 노인은 "누구에게나 보이는 건 아니야" 하고 전제한 뒤 다음과 같이 대답한다.

"잘 듣게나, 자네는 혼자만의 힘으로 상상해야 해. 지혜를 열심히 짜내서 떠올려 보는 거야. 중심이 여러 개이면서 둘레가 없는 원을. 그런 피나는 노력을 절실하게 해야만 비로소 그게 뭔지 점점 보이거든."

인생은 말 그대로 학교에서 가르쳐 주지 않으며, 자신의 손으로 움켜쥐어야 한다. "어려울 것 같은데요"라는 화자의 말에 노인은 "그래도 시간을 들여서, 공을 들여서 그 어려운 걸 해냈을 때는 그게 고스란히 인생의 크림이 되지" 하고 대답한다. 요컨대 이 수수께끼야말로, 그리고 그것을 푸는 일이야말로 인생의 본질이라는 뜻이다. 노인은 이어 프랑스어에는 '크렘 드 라 크렘'이라는 표현이 있다며 그에 대해 설명한다. 크림 중의 크림, 즉 "월등히 좋은 최고의 것" "인생에서 가장 중요한 에센스"라는 뜻이며, 나머지는 "죄다 시시하고 하찮은 것뿐"이라는 것이다.

  노인은 중심이 여러 개이면서 둘레가 없는 원을 눈을 감고 떠올려 보라고 화자를 재촉한다. 화자는 다시 한번 눈을 감고 그런 원을 떠올려 보려 한다. 그러나 그가 떠올릴 수 있는 원은 "중심이 딱 하나이고, 거기서 같은 거리에 위치한 점을 이은 곡선의 둘레를 가지는 도형"이었다. 그는 아직 학교에서 배울 수 있는 상식의 수준을 뛰어넘지 못했다. 필사적으로 생각을 거듭한 끝에 결국은 포기하고 눈을 떠보자 이미 노인은 사라져 있었다. 환영을 본 것이 아니다. "노인은 틀림없이 내 눈앞에서 우산을 움켜쥐고 차분한 목소리로 내게 말을 걸었고, 불가사의한 질문을 남긴 채 떠났다." 화자에게는 노인과의 만남과 그 수수께끼 같은 질문이 실재했음을 강조하는 것이 중요할 터다. 노인은 사라졌고, 그런 면에서는 이 역시 실패한 만남인지도 모른다. 화자에게 남은 것은 수수께끼뿐이다.

공유물로서의 수수께끼

화자는 왜 자신이 초대받았는지 의아했고, 그 이유를 알고 싶기도 해서 소녀의 연주회에 가려고 했다. 그러나 연주회가 열리지 않아서 소녀의 대답을 들을 수 없었을 뿐만 아니라, 어째서 열리지도 않을 연주회에 초대한 것인가라는 의문까지 가세해 수수께끼는 한층 더 커졌다. 그때 만난 것이 이 노인이며 그가 던진 수수께끼다. 수수께끼는 풀리지 않았을뿐더러 더욱 불가사의한 수수께끼를 만남으로써 커져만 갔다. 그리고 그것이 앞서 나온 수수께끼에 대해 주어진 답변이었다. 마치 연금술사가 "모호한 것을 더욱 모호한 것으로" 하고 주문을 왼 것처럼 말이다.

만남에는 예술 작품 등의 공유물이 중요하다. 〈우연 여행자〉에서는 디킨스의 소설 《황폐한 집》이, 〈돌베개에〉에서는 단카가 만남의 공유물이었다. 그러한 공유물을 통해 만남의 차원은 예상치 못한 깊이를 가지게 된다. 반면 이 단편 〈크림〉에서 공유되는 것은 예술 작품이 아니라 "중심이 여러 개이면서 둘레가 없는 원"이라는 수수께끼다. 이 수수께끼로 인해, 즉 수수께끼가 공유됨으로써 노인과의 만남이 이루어진다. 혹은 노인을 만난 결과 수수께끼가 공유되었다고도 말할 수 있다.

애당초 이야기는 화자가 연주회에 초대받았다는 수수께끼

로부터 시작되었고, 연주회장에 갔지만 아무도 없어서 여우에 홀린 듯 수수께끼가 더욱 커졌으며, 노인이 던지는 수수께끼까지 등장한다. 그러니 이 이야기에서는 수수께끼가 주제이자 주인공이라고도 볼 수 있을 것이다. 노인을 만나고 마음이 바뀌었는지, 화자는 "쉽게 버리기에는 (…) 비싼 것"이었기 때문에 부끄러워도 집에 들고 가려고 했던 빨간 꽃다발을 정자의 벤치에 남겨 둔다. "그렇게 하는 게 가장 적절할 듯한 느낌"이 들었기 때문이다. 말하자면 꽃다발을 만남이 생겨난 장소와 수수께끼에 바쳤다고 할 수 있다.

그나저나 "중심이 여러 개이면서 둘레가 없는 원"이라는 수수께끼는 무엇을 의미할까?

노인과 만나기 직전 화자에게 들려온 것은 기독교 선교 차량에서 흘러나오는 목소리였다. 앞에서도 언급했듯이 기독교는 일신교이기에 단 하나의 절대적 중심을 가진다. 이는 자아를 중심에 두며, 개인으로 닫혀 있는 근대 서양의 마음과 의식의 모델이 되었다. 그런 측면에서 이는 마음의 중심과 경계를 명확히 구분하는 모델이며, 도식으로 나타내면 하나의 중심을 가지고 거기서 컴퍼스로 원을 그린 듯한 둘레를 가진 도형이 될 것이다. 또 서양의 문맥을 벗어나더라도 예컨대 불교의 만다라에서는 대일여래가 종종 명확한 중심에 위치한다. 하나의 중심을 가지며 뚜렷한 둘레가 있는 형태는, 설령 그

중심이 자아가 아니라 해도 마음의 모델로는 상당히 일반적이라 할 수 있다. 고대 그리스의 세계관에서 세상은 오케아노스라는 뱀 같은 바다로 둘러싸여 있는데 이 또한 중심이 하나인지 아닌지와는 별개로 닫힌 세계다.

반면 "중심이 여러 개 있고, 아니, 때로는 무수히 있으면서 둘레가 없는 원"은 포스트모던적 의식을 나타내는 것이 아닐까 싶다. 포스트모던적 의식에는 여러 개의 중심이 존재하고, 게다가 근대적 의식처럼 개인 안에서 닫혀 있지 않다. 예컨대 인터넷 세상에서는 복수의 닉네임으로 다양한 자신이 되어 여러 사람들과 교류할 수 있다. 나이나 성격, 심지어 성별조차 생물학적 자신이나 일상적 자신과 의식적으로든 무의식적으로든 완전히 달라질 수 있다. 이에 따라 마음이 다양한 관계에 개방되며 그 둘레는 닫혀 있지 않다. 이는 더 이상 도식으로 그릴 수 없는 "사람의 의식 속에만 존재하는 원"이다.

신화나 옛날이야기에서는 주인공에게 수수께끼를 풀라고 하는 과제가 주어지는 경우가 많은데, 그 수수께끼를 풀어냄으로써 주인공은 결혼을 하거나 괴물을 물리친다. 유명한 것 중 하나로 스핑크스가 행인들에게 낸 "아침에는 네 발, 점심에는 두 발, 저녁에는 세 발로 걷는 것은?"이라는 수수께끼가 있으며, 오이디푸스가 이를 풀어서 스핑크스를 이긴다. 존재나 마음은 그 자체가 파악하기 어려워서 흔히 수수께끼로, 그것도 풀리지 않는 수수께끼로 표현되어 왔다. 그 한 예로 고

대부터 존재했던 원의 면적에 관한 유명한 문제가 있다. 원과 같은 면적을 가지는 정사각형을 구하는 문제 혹은 수수께끼인데 바빌로니아 시대부터 전해져 내려왔다고 한다. 훗날 원주율이 초월수이기 때문에 실제로 구할 수 없다는 사실을 알게 되었지만 과거에는 많은 사람이 이 문제와 씨름했다. 수학적 문제로서의 의미와는 별개로, 이는 천상 세계의 원리(원)를 어떻게 지상(정사각형)으로 가져올 것인지를 묻는 문제이자 수수께끼라고 볼 수 있다. 선종禪宗에서 말하는 화두도 존재와 마음에 던지는 수수께끼라고 할 수 있을 것이다.

자신에게 던져진 수수께끼에 대해 화자는 "지금까지의 인생에서 설명도 안 되고 이치에도 맞지 않는, 그러나 마음을 깊고 격렬하게 흐트러트리는 일이 벌어질 때마다 (중략) 나는 언제나 그 원, 중심이 여러 개이면서 둘레가 없는 원에 대해 곰곰이 생각했다"라고 말한다. 이 수수께끼는 인생 그 자체이기도 하고, 스핑크스의 질문에 대한 해답이 '인간'이었듯이 자기 자신이기도 하다. 어쩌면 이 수수께끼를 푸는 것이 곧 타자를 만나는 일인지도 모른다.

전승되는 불가사의의 경험

화자는 망연자실한 상태로 공원에서 노인을 만남으로써 수수께끼를 공유받는다. 이 단편에서는 화자가 그 일화를 아는 동생에게 전하는 형식을 취하고 있다. 다시 말해 화자가 자신의 기묘한 체험을 아는 동생에게 들려줌으로써 이 이야기는 전달되고 공유된다. 화자가 노인과의 만남에서 "중심이 여러 개이면서 둘레가 없는 원"이라는 수수께끼를 듣고 공유받았듯이, 그가 아는 동생에게 자신의 체험을 이야기하는 데에는 의미가 있어 보인다. 요컨대 화자는 노인에게 들은 수수께끼를 자신보다 젊은 세대에게 전하는 셈인데, 그러려면 이야기를 듣는 상대가 자신보다 나이가 적을 필요가 있었던 것이다. 마치 선종의 「십우도」* 중 마지막 그림에서 노인과 젊은이가 만나는 것처럼 말이다.

  아는 동생은 기묘한 구석이 많은 이야기의 흐름이 잘 이해되지 않아서 "그때 실제로 무슨 일이 일어났던 거예요?" "거기에 어떤 의도나 원리가 작용했던 걸까요?" 하고 묻는다. 열여덟 살 화자가 자신이 연주회에 초대받은 이유를 밝혀내려 했고, 약속에 바람맞은 이유를 알고 싶어 했던 것과 마찬가지로 아는 동생은 명확한 이유와 원리를 파악하고자 한다. 하지만 나이를 먹은 화자는 "원리나 의도 같은 건 거기선 딱히 중요한 문제가 아니었던 모양이야" "시간이 지나 거리를 두고

---

* 수행자가 깨달음에 이르는 열 가지 단계를 소와 목동에 비유하여 표현한 그림과 시를 말함.

바라봤더니 모든 게 점점 아무래도 상관없는 시시한 일로 느껴졌어. 그건 인생의 크림과는 아무 관련도 없다고 말이야" 하고 대답한다. 이때 화자는 열여덟 살 때 만난 불가사의한 노인의 입장에 서서 그 노인과 같은 취지의 말을 자기보다 어린 사람에게 하고 있다.

아는 동생이 "중심이 여러 개이면서 둘레가 없는 원"에 대한 해답을 찾았느냐고 마지막으로 묻자, 화자는 "글쎄" 하고 그 수수께끼를 되돌아보며 생각에 잠긴다. 화자는 "마음을 깊고도 격렬하게 흐트러트리는 일이 벌어질 때마다" 그 원에 대해 곰곰이 생각했다고 하면서, "진심으로 누군가를 사랑하거나, 무언가에 대해 깊은 연민을 느끼거나, 이 세상의 모습에 대한 이상을 품거나, 신앙(혹은 그와 비슷한 것)을 찾아낼 때" "그 원의 모습을 이해하고 받아들이게 되는 게 아닐까" 하고 말한다. 이 대목은 매우 암시적이다. 아무래도 이 수수께끼는 긍정적으로든 부정적으로든 마음이 극한의 상태에 이르러 요동칠 때 모습을 드러내는 모양이다.

화자가 아는 동생에게 자신의 불가사의한 경험과 수수께끼를 이야기함으로써 그것은 나아가 독자에게로, 또 젊은 세대에게로 전해진다. 마치 노인이 말한 원처럼 둘레 없이, 닫히지 않은 채 퍼져 나가는 것이다.

제4장

그녀는 종소리를 울려 주었는데

〈크림〉에서는 만남의 실패가 노인과의 예상치 못한 또 다른 만남으로 이어졌고, 거기서 맞닥트린 수수께끼에 화자의 마음이 흔들리며 그 만남이 심화되었다. 이번 장에서 살펴볼 단편 〈위드 더 비틀스〉에서도 화자가 여자 친구의 집을 찾아가지만 그녀가 집에 없어서 만남에 실패하는데, 덕분에 화자는 여자 친구의 오빠와 또 다른 만남을 가지며 그것이 오빠의 치유로 이어진다.

또한 이 단편은 사춘기의 만남을 다룬 작품이라고도 볼 수 있으므로, 이번 장에서는 그 부분에 대해서도 검토해 보고자 한다.

짧고 근사한 사춘기의 만남

화자는 같은 고등학교를 다녔던 소녀와 가진 단 한 번의 만남을 아름답게 묘사한다.

그녀는 학교 복도를 혼자 잰걸음으로 걸어가고 있었다. 치맛자락을 나부끼며, 어딘가를 향해 서두르는 모습이었다. 나는 오래된 학교 건물의 길고 어둑어둑한 복도에서 그녀와 스쳐 지나갔다. 우리 둘 말고는 그곳에 아무도 없었다. 그녀는 레코드판 한 장을 매우 소중한 듯이 품에 안고 있었다. 〈위드 더 비틀스〉라는 음반의 LP판이었다.

이 만남에 대한 화자의 반응은 다음과 같다.

나는 그때 그녀에게 강하게 끌렸다. ―〈위드 더 비틀스〉 LP판을 품에 꼭 껴안은, 이름도 모르는 그 아름다운 소녀에게.

여기서 화자는 먼저 상대 소녀에 대한 묘사만을 보여 준 다음 그녀에게 강하게 이끌린 자신의 마음을 서술하고, 그 뒤에 자신의 심정과 반응이 어땠는지 이야기한다.

심장이 거칠고 빠르게 뛰었고, 숨이 잘 쉬어지지 않았으며, 수

영장 밑바닥으로 가라앉을 때처럼 주위의 소리가 휙 멀어지더니 귓속에서 조그맣게 울리는 종소리만 들려왔다. 누군가가 나에게 중요한 의미를 지닌 무언가를 서둘러 알려 주려고 하는 것처럼. 하지만 그 모든 것은 십 초 내지는 십오 초 정도의 짧은 순간에 일어났다. 그 일은 느닷없이 일어났고, 정신을 차렸을 때는 이미 끝나 있었다. 그리고 그곳에 있었을 중요한 메시지는 모든 꿈의 핵심과 마찬가지로 미로 속으로 사라졌다.

이 대목에서는 어떤 영원한 것과의 순간적이면서도 절대적인 만남이 근사하게 그려져 있다. 그것은 절대적이고 충격적인 동시에 너무나도 짧아서 눈 깜짝할 사이에 사라지고 만다. 그리고 영원성과의 절대적 만남에 대한 징표로 '종소리'가 울렸다고 묘사된다. 무라카미 하루키의 작품에는 절대적 만남이 중요한 모티프로 등장하는 경우가 많다. 단편 〈4월의 어느 맑은 아침에 백 퍼센트의 여자를 만나는 것에 대해〉에도 그런 만남이 나온다. '나'는 하라주쿠 뒷골목에서 우연히 한 여자와 마주치고 다음과 같이 서술한다. "오십 미터나 떨어진 곳에서부터 나는 분명히 느꼈다. 그녀는 나에게 백 퍼센트의 여자다. 그녀의 모습을 본 순간부터 내 가슴은 땅울림처럼 흔들렸고, 입속은 사막처럼 바싹바싹 말랐다." 여기서는 이 만남이 절대적이라는 것이 '백 퍼센트'라는 수치로 표현된다. 그렇다면 이와 같은 절대적인 만남이란 대체 무엇일까?

이러한 만남은 사춘기에 특징적으로 나타나는데, 그에 이르기까지의 과정을 잠시 살펴보고자 한다. 우선 발달의 한 단계로 전前 사춘기인 열 살 무렵에는 처음으로 자신에 대한 의식, 즉 자의식이 생긴다고 알려져 있다. 이는 외부의 시선, 타자의 시선으로 자신을 바라보는 의식이다. 이에 따라 자립심 및 자신과 같거나 비슷한 존재와의 친밀한 관계, 이른바 단짝 관계chumship*가 형성된다. 열 살 무렵의 격동, 단짝 관계와 자의식의 성립은 《추억의 마니》《매리앤의 꿈》《봉봉 ぼんぼん》등 많은 아동문학에서 묘사되었고, 가와이 하야오도 때때로 열 살의 의미를 언급했으며[12], 무라카미 하루키의 작품에서 역시 열 살이라는 나이가 수차례 등장한다. 예컨대 《1Q84》에서 열 살은 큰 의미를 지닌다. 주인공 아오마메는 초등학교 5학년 때 부모를 떠나겠다고 결심하고 외삼촌 댁으로 도망친다. 또 다른 주인공인 덴고가 NHK 수신료 징수원이었던 아버지에게 "이제 다시는 함께 (수금하러) 다니지 않을래요" 하고 자신의 자유를 선언한 나이도 열 살이다. 후카에리가 사이비 종교 집단에서 도망치고 자립의 움직임을 보인 나이 또한 열 살이다.

이처럼 사람들은 대체로 전 사춘기인 열 살 무렵 자기 자신

---

* 미국의 정신분석가 H. S. 설리번이 사용한 용어로, 아동기에서 청소년기로 넘어가는 전前 청년기에 형성되는 동성 혹은 또래 친구와의 깊은 우정 관계를 뜻한다.

을 확립하고 동등한 존재와의 관계를 경험한 뒤, 사춘기 때는 확립된 자신과는 매우 다른 타자를 만난다. 사춘기가 되면 무언가에게 쫓기는 악몽을 자주 꾼다는 사실이 잘 알려져 있다. 그전까지는 자신이라는 존재에 대한 자각이 없었지만, 전 사춘기의 자의식 확립 등을 통해 자기 자신이 성립되면 그것이 위협받지 않을까 하는 불안이 생겨난다. 자기 자신이 없으면 자기가 위협받으리라는 생각도 들지 않는다. 그러나 자신이 성립되면 꿈에서 자기를 쫓아오는 동물이나 불량배 등의 무서운 이미지로 타자가 나타난다. 이 타자는 자신을 습격해 파괴하고 소멸시키는 압도적인 존재이며, 그런 면에서는 초월적 세계나 저세상을 구현한다. 그러므로 거기에는 공포뿐만 아니라 매혹이나 동경도 깃들어 있다.

독일의 종교학자 루돌프 오토는 성스러운 것의 현현을 "절대 타자das Ganz Andere"라고 불렀으며, 이를 마주하면 매혹facinans과 공포tremendum라는 양극단의 감정이 동시에 나타난다고 보았다.[13] 사춘기 때 타자의 출현은 종교에서 말하는 신성한 존재의 현현과 마찬가지로 공포와 매혹이 뒤섞인 압도적인 감정을 동반한다. 또 전 사춘기의 단짝 관계가 동성 또는 자신과 비슷한 상대와의 관계였던 반면, 사춘기 때 등장하는 절대적 타자는 대체로 이성이며 섹슈얼리티의 형태를 띤다. 유럽의 낭만주의 문학이 그려 낸 것은 이러한 절대적 타자로서의 이성상이었다고 볼 수 있으며, 융 심리학에서 무의식 속 이성상을 '아니마' '아니무스'라고 부르며 중시하는 것도 같은 맥락에서 이해할 수 있다.

아름다움이 끝나는 죽음

절대적 존재의 출현과 만남은 이 단편의 묘사처럼 아름다우면서도 말 그대로 온 존재를 뒤흔드는 것이지만, 그 격렬함으로 인해 확립되었던 자기 자신이 부서질 수도 있다. 그것은 죽음이나 광기에 가깝다.

사춘기의 위기라는 말이 있듯이, 이러한 절대적 타자의 출현과 침입, 또 그 타자에 대한 동경 때문에 그전까지 구축해 온 마음의 구조가 파괴되어 광기에 빠지는 경우가 있다. 〈위드 더 비틀스〉에서 소녀와의 만남이 화자에게 일깨운 감각은 한순간밖에 남지 않았지만, 만약 그런 상태가 계속되면 병이 나거나 정신적으로 완전히 파괴될 수 있다. 정신병리학자이자 뛰어난 정신과 의사이며, 특히 조현병의 병리와 치료에서 획기적인 성과를 거둔 나카이 히사오는 누구라도 짧은 기간 동안에는 조현병에 걸릴 수 있다고 말했다.[14] 다시 말해 압도적 타자와의 만남으로 인한 마음의 동요는 조현병적이지만, 그것이 지극히 짧은 기간 동안에만 일어났다면 비정상적이라고 볼 수 없다는 뜻이다. 하지만 그 상태가 지속되어 "그때 그녀는 내게 미소를 지었지" "그녀는 분명 날 좋아해" 하는 식으로 멋대로 착각하면 망상으로 발전하며, 때로는 그 망상을 확신한 나머지 행동으로 옮겨서 스토커가 될 수도 있다.

또는 압도적 타자가 자신에게 침입해 들어오는 것이 아니라 자신이 그의 영역으로 가려고 하면 다른 세상에서 길을 잃을지도 모른다. 정신병리학자이자 정신과 의사인 가사하라 요미시가 '출발의 병'[15]이라고 표현하며 지적했듯이, 조현병은 사춘기에 수학여행이나 외국에 갔을 때 발병하는 경우가 있다. 지금까지 익숙했던 세상과는 다른 세계로 가는 것이 자신이 전혀 모르는 이질적인 세상으로 떠나 거기서 돌아오지 못하는 것과 같다고 느끼기 때문이다. 심리학자 다나카 야스히로가 소개한 사례에서는 이십 대 초반의 한 남자가 "저쪽 편의 이변을 확인하기 위해 사도섬으로 건너가 거기서 바다에 잠기는 저녁 해를 보던 중, 태양의 형태가 미세하게 일그러져 있다는 것을 깨달았다"라고 한다. 그 뒤 남자는 혼슈로 돌아왔지만 세계는 완전히 다른 모습으로 바뀌어 있었다. 그래서 몇 번이나 왕복 티켓으로 사도섬으로 건너갔다가 혼슈로 돌아오기를 반복했으나 세계는 두 번 다시 원래대로 되돌아가지 않았다고 한다.[16] 이러한 이계異界 체험은 죽음과 연결되는 경우가 많은 탓에 이계로 떠나기 위해 스스로 목숨을 끊는 경우도 있다.

타자의 출현에 압도당하거나 타자의 세계로 가서 돌아오지 못하거나, 어느 쪽이든 사춘기에 겪는 절대적 타자의 출현은 이따금 죽음으로 이어진다. 이러한 모습은 수많은 문학 작품에서 묘사되었다. 예컨대 괴테의 《젊은 베르테르의 슬픔》에서도 샤를로테라는 절대적 이성에게 매혹된 주인공 베르테르가 자신의 사랑이 이루어질 수 없다는 사실을 깨닫고 죽음을 선택한다.

사춘기와 관련된 또 하나의 죽음이 있다. 〈위드 더 비틀스〉에서 소녀와의 만남은 "느닷없이 일어났고, 정신을 차렸을 때는 이미 끝나 있었다"라고 서술되어 있다. 바꿔 말하자면 영원의 순간은 지속되지 않고, 그렇기 때문에 우리는 광기나 절망에 빠지지 않고 계속해서 살아갈 수 있는지도 모른다. 또한 그런 절대적 만남이 발생하는 사춘기에는 끝이 있다. 인간학적 관점에서 정신병리학을 전개한 정신과 의사 기무라 빈은 조현병 환자의 시간 인식을 'ante festum(축제 전의 예감)'이라고 일컬은 반면, 우울증 환자의 시간 인식은 'post festum(이미 끝난 축제)'라고 명명했다.*[17] 예감으로 가득했던 사춘기는 어느새 과거가 되어 '이미 끝난 축제'로 남겨진다.

이 단편에서 화자는 자신이 나이를 먹는 것보다 한때 소녀였던 이들이 나이를 먹어 버렸다는 것에 슬픔을 느낀다. 그리

---

* 조현병 환자는 앞으로 끔찍한 일이 일어나리라는 불안한 예감을 곧잘 느끼는 반면, 우울증 환자는 대체로 만사를 돌이킬 수 없다는 생각에 시달린다는 뜻. 참조로 '이미 끝난 축제後の祭り'는 돌이킬 수 없는 일을 뜻하는 일본어 관용 표현이다.

고 그 이유에 대해 "내가 소년 시절 품었던 꿈 같은 것이 이미 효력을 잃었다는 사실을 새삼 인정해야 하기 때문"이라고 말한다. "꿈이 죽는다는 건 어떤 면에서는 실제의 생명이 죽음을 맞이하는 것보다 더욱 슬픈 일이다"라는 화자의 말처럼, 사람의 마음에서는 가치 전도가 일어나는 경우가 있어서 실제의 죽음보다 아름다움이 소멸하는 죽음을 더욱 심각하게 느끼기도 한다. 어쨌거나 사춘기 때는 그 찬란함이 점차 사라져간다는 일종의 죽음이 언제나 곁을 따라다닌다.

진정한 공유가 아닐지라도

소녀와 극적인 만남을 가졌을 때 그녀는 비틀스의 LP판을 껴안고 있었다. 화자는 "만약 비틀스의 앨범 재킷이 그곳에 없었다면 나를 사로잡은 매혹도 그렇게까지 강렬하지는 않았을 것이다. 음악은 거기에 있었다"라고 말한다. 지금까지 살펴보았듯이 만남에는 대체로 양자 사이에 공유하는 무언가가 있다는 점이 중요하다. 앞서 언급한 〈4월의 어느 맑은 아침에 백 퍼센트의 여자를 만나는 것에 대해〉에서도 백 퍼센트의 여자이 장면과 비슷하게 "아직 우표를 붙이지 않은 하얀 각봉투를 오른손에 들고" 있기는 했다. 하지만 하얀 각봉투로부터 양자가 공유하는 무언가가 생겨나기란 어려울 테고, 그리하여 그 만남은 단순한 스침으로 끝나고 만다. 이 단편 〈위드 더 비틀스〉에서도 화자가 첫 번째 여자 친구의 오빠와 예기치 못한 만남을 가질 때 두 사람 사이에서 아쿠타가와 류노스케의 소설이 공유된다. 공유의 방식에 따라 만남이 깊어지는 경우도 있고, 스침으로 끝나는 경우도 있다.

　이 단편에서 매개물이 중요하기 때문인지, 여기서는 인용을 생략하겠지만 화자는 비틀스와 「위드 더 비틀스」라는 앨범에 대한 긴 묘사를 이어간다. 비틀스가 세계적으로 엄청난 인기를 떨친 것은 화자가 그 소녀를 만나기 전해였다고 한다. 그런 면에서 화자는 소녀와 함께 시대의 열광을 공유하고 있었다. 하지만 비틀스의 눈부신 성공에 대해 자세히 서술했음에도 불구하고 화자는 오히려 클래식과 재즈를 좋아했고, 딱히 비틀스의 열성팬도 아니었기에 소녀가 껴안고 있던 앨범을 처음부터 끝까지 다 들은 것은 그녀와의 만남으로부터 아득히 시간이 흐른 삼십 대 중반 이후였다고 한다. 이 또한 매우 의외의 일이다. 설령 비틀스에 그다지 관심이 없었더라도, 마음이 강하게 이끌렸던 소녀가 들고 있던 앨범이라면 그녀와 연결될 실마리를 찾기 위해 구하려고 노력하거나 그 음악을 들어 보는 것이 당연하기 때문이다. 그런 행동은 소녀에 대한 헌신의 증거도 될 것이다. 게다가 화자는 그 앨범을 처음 들었을 때 결코 훌륭한 음악은 아니라고 느꼈다는 감상도 흘린다. 두 사람은 진정으로 비틀스의 음악을 공유하지 않았으며, 그러므로 두 사람의 만남이 한순간의 사건으로 끝나 버린 것에도 납득이 간다. 공유의 방식도 사춘기다워서 공유물의 내용까지 파고든 것이 아니라 그저 분위기만 맛보았다. 사춘기의 만남이란 그 순간에는 충격적일 수도 있다. 그러나 비틀스의 앨범처럼 몇 년이 지나 돌이켜볼 때 비로소 그것의 의미를 실감하게 된다.

화자는 이런 말도 덧붙인다. "그러나 **정말로** 거기에 있었던 것은, 음악을 포함하면서 음악을 넘어선 더욱 커다란 **무언가**였다." 요컨대 둘 사이의 물건은 두 사람을 이어 준 것이 아니라 그들을 더욱 커다란 무언가로 매개했다. 바로 성스러움 그 자체로 말이다. 하지만 사춘기의 성스러움은 조짐만으로 끝나 버리고 직접적으로는 나타나지 않는 법이다.

이 소녀와의 만남은 한순간에 끝났지만, 만약 화자가 무라카미 하루키 자신이라면 훗날 재즈 카페를 여는 등 음악의 세계가 앞으로의 인생에서 계속해서 펼쳐졌을 수도 있다.

첫 번째 여자 친구

화자는 고등학교 1학년 때 비틀스의 앨범을 껴안고 있던 소녀와의 충격적인 만남을 경험했다. 하지만 그 이후에도 소녀의 모습을 몇 번 더 목격한다든가 가까워질 기회가 있어서 두 사람 사이에 추억이 생기거나 관계가 진전되는 것은 아니다. 오히려 화자는 분명 같은 학교를 다니고 있을 소녀와 두 번 다시 마주치지 않는다. 소녀는 어쩌면 《추억의 마니》에서 수수께끼의 소녀 마니가 안나의 상상 속 친구였던 것처럼 화자에게만 존재하는 상상 속 미화된 이성일지도 모른다.

한편 화자는 이듬해 고등학교 2학년이 되어 우연한 계기로 같은 반 여자아이와 사귄다. 사실 그 친구와는 1학년 때도 같은 반이었는데, 당시에는 아무 사이도 아니었지만 2학년이 되고부터 교제를 시작한 것이다. 그녀는 몸집이 자그마하고 매력적인 소녀였다.

"그해 여름방학, 나는 그녀와 일주일에 한 번은 데이트를 했다. 어느 날 오후 나는 그녀의 도톰하고 작은 입술에 키스를 했고 브래지어 위로 그녀의 가슴을 만졌다."

매우 사춘기다운 신선하고도 순진한 교제다. 이 역시 사춘기의 타자 또는 성적인 것을 동반한 이성과의 만남이지만, 앞서 비틀스의 앨범을 껴안고 있던 소녀의 경우처럼 성스러운 것과의 만남과는 분위기가 사뭇 다르다. 여자 친구는 단 한 번의 순간적인 만남으로 끝나 버린 소녀와는 달리 현실의 시간 속에서 사귀고 만질 수 있다. 한편으로 이 관계는 현실적이기 때문에 순문학이 갑자기 대중소설이나 라이트노벨이 된 것처럼 가볍고 흔해 빠진 분위기를 풍긴다.

여자 친구는 비틀스에도 재즈에도 관심이 없었고, 그녀의 집에서 만날 때면 늘 이지 리스닝 계열의 음악을 틀었다. 이러한 음악 장르도 그녀의 성향이 달콤하고 가벼우며 대중적이지만 어딘가 깊이가 부족하다는 점을 암시하는 듯하다. 둘은 그녀의 집에서 그런 음악을 들으면서 "소파에서 키스를 했다." 그녀의 가족들은 어디론가 외출해 있었다. "집에는 우리 둘뿐이었다. 그럴 때면 어떤 종류의 음악이 흘러나오든 간에 솔직히 말해 아무 상관 없었다."

화자는 여자 친구와의 관계에 푹 빠져 있었다. 하지만 거기에는 매개하는 것, 공유하는 것이 없었다. 혹여나 무언가가 공유되고 있었다 해도 "솔직히 말해 아무 상관 없었다"라는 서술처럼 영향력이나 중요성은 부족했다. 화자는 지금도 퍼시 페이스 오케스트라가 연주하는 「어 서머 플레이스」가 들려오면 그녀와 함께 앉았던 푹신하고 커다란 소파가 떠오른다고 말하는데, 이처럼 음악은 달콤한 추억과 연결되어 있다. 하지만 그 음악이 화자를 전혀 다른 차원의 깊이로 이끌지는 않은 모양이다. 화자가 뒤에서 서술하듯이 이는 여자 친구와의 사이에서 종소리가 들리지 않았던 점과도 관련이 있다.

여자 친구는 질투가 심했다고 한다. 하지만 당시의 화자는 그게 어떤 것인지 잘 상상하지 못한다. "그보다는 내 마음과 관련된 일들로 아무튼 머릿속이 가득했"다는 것이 화자의 솔직한 심정인데, 이 대목 역시 사춘기 특유의 모습을 잘 보여 준다. 즉 화자에게는 자기 안에서 멋대로 만들어 낸 이미지와 감정이 소중했기에 상대를 생각할 겨를이 없었고, 그런 면에서는 상대방을 존중하고 이해하는 진정한 인간관계를 맺지 못했던 것이다.

큰 이야기와 연애 이야기

1965년에 첫 여자 친구가 생겼다고 말하기에 앞서, 화자는 마치 그 이야기의 머리말처럼 같은 해 미국의 존슨 대통령이 북베트남 폭격 개시를 명령해 베트남 전쟁이 단숨에 격화되었다는 것과 이리오모테섬에서 이리오모테삵*이 발견되었다는 것을 서술한다. 당시 학생과 젊은이의 관심사는 전쟁을 비롯한 세계 정세였고, 많은 젊은이가 항의 운동을 중심으로 한 정치 활동에 적극적으로 참여하고 있었다. 또 그러한 활동을 통해 세상을 바꿀 수 있다는 확신과 희망이 널리 퍼져 있기도 했다. 다시 말해 대부분의 젊은이는 이 세상과 관련된 '큰 이야기' 속에서 살아가고 있었던 것이다. 자본주의 대 공산주의는 이데올로기를 중심으로 한 큰 이야기의 대결이었다.

하지만 "1965년에 일어난 가장 중요한 사건"은 앞서 말한 두 가지 일이 아니라 "나에게 여자 친구가 생긴 것이었다"라

---

* 오키나와의 이리오모테섬에 서식하는 멸종위기종으로 한국 삵의 유전적 친척.

는 서술에서 알 수 있듯이, 이 단편 속 젊은이 즉 화자는 큰 이야기는 제쳐 두고 이성과의 만남과 교제라는 작은 이야기에 에너지를 쏟고 있었다. 이는 무라카미 하루키의 소설, 특히《태엽 감는 새 연대기》이전의 작품에서 볼 수 있는 특징이다. 예를 들면 역시 1960년대 후반으로 시대를 설정한《노르웨이의 숲》에서도 학생들 사이에서는 반전 운동, 그중에서도 안보투쟁*이 격렬하게 일어났지만 이야기의 중심은 주인공의 다양한 연애다. 요컨대 큰 이야기가 아니라 연애나 인간관계에 관한 작은 이야기가 작품의 주제인 것이다. 또 무라카미 하루키의 작품 세계가 디태치먼트에서 커미트먼트로 전환했다고 일컬어지는《태엽 감는 새 연대기》는 물론, 나중에 발표한《1Q84》나《기사단장 죽이기》에서도 연애를 비롯한 개인의 작은 이야기가 작품의 주제를 이룬다.

 그러나 첫 여자 친구가 생겼다고 말하기에 앞서 세계 정세에 관한 서술을 삽입했다는 점에서 알 수 있듯이, 작은 이야기가 중심이기는 해도 그 배경에서는 큰 이야기가 움직이고 있다. 이 점이 가장 명확하게 드러나는 부분은 화자와 여자 친구가 같은 반이었을 때의 담임선생님에 관한 대목이다. 그 선생님은 두 사람의 담임을 맡은 몇 년 뒤, '사상의 막다름'을 이유로 자택 문틀에 목을 매달아 죽는다. 사회 선생님이었던

---

* 미일안전보장조약 체결에 반대해 일어난 대규모 반정부 시위.

그는 사회와 역사의 갖가지 문제에 대해 사상적으로 깊게 고민하다가 아마도 큰 이야기에서 막다른 골목에 이르렀을 테고, 그래서 스스로 목숨을 끊은 것으로 추측된다.

《1Q84》에서도 아오마메와 덴고의 재회와 연애의 성취라는 작은 이야기의 배경에 사이비 종교 집단과의 대결이라는 큰 이야기가 존재한다. 《기사단장 죽이기》에서도 주인공과 아내의 이별과 재회, 그 사이 여러 사람과의 관계라는 작은 이야기의 배경에 나치스와의 전쟁에서 목숨을 잃은 사람들과 그로 인해 커다란 상처를 입은 사람들의 넋을 달래는 큰 이야기가 존재한다.

사춘기 때 타자는 절대적으로 성스러운 것의 순간적 출현이라는 큰 이야기로도, 또 구체적인 연애 관계라는 작은 이야기로도 나타날 수 있다. 이때 역시 절대적으로 성스러운 것이라는 큰 이야기와 작은 이야기를 어떻게 구별하고 또 연결시킬지가 중요한데, 그러한 부분은 이 단편에서 종소리가 들리는지 안 들리는지를 통해 암시된다.

나아가 이 단편에서는 화자뿐만 아니라 비틀스, 영화 속 주인공, 또 그 영화의 배역을 연기한 배우와 담임선생님 등 여러 사람들의 이야기가 소개된다. 이처럼 이 단편이 단 하나의 이야기로 구성된 것이 아니라는 점 또한 작품의 깊이를 더해준다.

만남의 실패와 또 다른 만남

앞 장에서 살펴본 단편 〈크림〉에서는 화자가 연주회에 초대를 받아 갔으나 연주회장 근처에 아무도 없었고 연주회 자체도 열리지 않았다. 그리하여 화자는 예전에 함께 피아노를 배웠던 소녀와의 재회를 이루지 못해 만남에 실패하지만, 그로 인해 귀갓길에 불가사의한 노인과 또 다른 만남을 가진다. 그리고 그 노인에게서 "중심이 여러 개이면서 둘레가 없는 원"이라는 수수께끼 같은 말을 듣고 마음이 울린다. 즉 만남의 실패와 그로부터 발생한 또 다른 만남이 어떤 면에서는 원래의 만남보다 더 중요해진 것이다.

〈위드 더 비틀스〉 화자의 여자 친구에게는 여동생과 오빠가 하나씩 있다. 여동생은 여자 친구보다 키가 크고 그리 귀엽지 않으며 공부를 잘한다. 그리고 화자를 좋게 보지 않는 듯하다. 형제자매는 자신과는 독립된 인격을 가진 별개의 인물인 동시에 자신의 특정 부분, 게다가 겉으로 드러나지 않는 부분을 나타낸다고 볼 수 있다. 적어도 꿈에 등장하는 형제자매는 자신의 일부라고 상정했을 때 의미가 통하는 경우가 많다. 그런 관점에서 이 여동생은 화자의 부정적인 부분을 인지했거나 화자를 받아들이지 못하는 언니의 일면을 나타낸다고 볼 수 있다.

여동생과는 만날 기회가 몇 번 있었던 반면, 네 살 위인 오빠는 여자 친구가 소개도 해 주지 않을뿐더러 그에 관한 이야기도 거의 하지 않는다. 아마도 오빠에 대해 별로 말하고 싶지 않은 사정이 있으리라 추측된다. 추상적으로 해석하자면 오빠는 여자 친구가 화자에게 보여 주기 싫어하는 측면을 체현한 존재라고도 볼 수 있다. 그러나 화자는 다름 아닌 여자 친구와의 만남에 실패함으로써 우연히 오빠와 만나게 된다.

  화자는 함께 도서관에서 공부한다는 명목으로 데이트를 하기 위해 가을이 끝나 가는 어느 일요일 아침 여자 친구를 데리러 그녀의 집에 간다. 하지만 아무리 현관에서 벨을 눌러도 여자 친구는 나오지 않고, 잠시 후 오빠가 문을 열어 주어 화자는 처음으로 그와 마주한다. 다른 가족들이 모두 외출했다는 사실을 모르는 채 혼자 집에 남아 있다가 흐트러진 모습으로 나타난 오빠는 히키코모리 같은 인상도 풍긴다.

  이 만남에서 처음으로 독자에게 여자 친구의 이름이 '사요코'라는 사실이 밝혀지고, 그녀가 곧 돌아올 거라는 오빠의 말에 화자는 집 안으로 들어가 기다린다. 화자는 다시 한 번 기억을 더듬어 보지만 여자 친구와는 틀림없이 전날 밤 전화로 만날 약속을 잡았다. 이 대목은 〈크림〉에서 연주회장으로 향하는 사람이 아무도 없어 점점 불안해진 주인공이 초대장을 보며 연주회 장소와 일시를 확인하는 것과 비슷하다. 또 일요일 아침에 오빠만 남겨 두고 다른 가족들이 모두 외출한 것도 이상한 일인데, 여기서도 화자와 오빠를 만나게 만드는 불가사의한 힘이 작용했는지도 모른다. 어쨌거나 이야기는 그런 식으로 전개된다.

〈크림〉에서 원래의 만남이 실패한 결과 우연히 만나게 된 노인은 매우 특이한 인물이고, 또 그는 기묘한 수수께끼를 화자에게 던진다. 〈위드 더 비틀스〉에서 여자 친구와의 만남에 실패함으로써 만나게 된 오빠 역시 매우 독특한 사람으로 보인다. 어쩌면 그렇기 때문에 일상을 초월한 차원을 열고 그 속에서 화자와 만나 연결될 수 있는지도 모른다.

화자는 여자 친구를 기다리는 동안 음악이라도 듣고 싶지만 남의 집에서 멋대로 레코드를 틀 수는 없다. 또 뭐라도 읽으려고 자신의 숄더백을 뒤적이지만 하필이면 책을 들고 오는 것을 깜빡해서 읽을거리라고는 현대국어 교과서 부교재뿐이다. 적당한 페이지를 펼쳐서 읽다 보니 삼십 분 가까이 지났는데도 여자 친구는 여전히 감감무소식이다. 그때 오빠가 화자에게 말을 건다. 화자가 읽던 현대국어 부교재에 관심을 보이며 집어 들고는 화자에게 방금 무슨 작품을 봤는지 묻는다. 화자는 아쿠타가와 류노스케의 〈톱니바퀴〉라고 대답한다.

오빠는 "〈톱니바퀴〉라면 꽤나 어두운 이야기지?" 하고 묻는다. 뒤이어 〈톱니바퀴〉가 아쿠타가와 류노스케가 자살하기 직전에 쓴 작품이라는 사실을 확인한 뒤, 그것을 낭독해 달라고 화자에게 요청한다. 화자는 움찔 놀라면서도 그 요청에 응한다.

뜻밖에 비밀을 공유하다

지금까지 살펴보았듯이 만남에는 공유물이 중요하다. 여기서 결과적으로 화자는 아쿠타가와 류노스케의 〈톱니바퀴〉 중 마지막 장인 '비행기'를 낭독해 오빠와 공유한다. 다시 말해 두 사람 사이에서 이 작품이 공유됨으로써 진정한 만남이 이루어지는 것이다.

여기서 오빠가 "꽤나 어두운 이야기"라고 표현한, 서른다섯 살에 스스로 목숨을 끊은 아쿠타가와 류노스케가 자살 직전에 쓴 진지한 작품을 낭독한다는 점이 눈길을 끈다. 이지 리스닝 계열의 음악을 좋아하는 여자 친구의 성향과 이 무거운 작품은 뚜렷한 대비를 이룬다. 이지 리스닝 계열의 음악은 화자와 여자 친구 사이에서 공유되지 않았으나 이 울적한 작품은 화자와 오빠 사이에서 공유된다.

이 단편에서는 마지막 부분만 소개하지만 〈톱니바퀴〉의 '비행기' 장은 다음과 같이 시작한다.

"나는 도카이도선의 어느 역에서 그 마을 안쪽 피서지로 가는 차를 탔다. 운전사는 어째서인지 이렇게 추운 날 낡은 레인코트를 걸치고 있었다. 나는 이 우연의 일치가 섬뜩해서 일부러 그를 보지 않기 위해 창밖을 바라보기로 했다."

여기서는 눈에 보이는 사물을 부정적으로 해석해 위협을 느끼는 화자의 망상이 엿보인다. 이는 얼마 후 이어지는 다음 문장에서도 확인할 수 있다.

"나는 골목을 돌면서 블랙 앤드 화이트 위스키*를 떠올렸다. 뿐만 아니라 방금 스친 스트린드베리†의 넥타이도 흑백이었다는 게 생각났다. 나는 이를 아무래도 우연으로 여길 수 없었다."

모든 것이 어떤 의도를 품고 있는 듯이 느껴지기 시작한다. 그리고 그 의도는 자신을 위협하며 노리고 있는 것만 같다. 작품의 마지막에는 다음과 같은 문장이 나온다.

"무언가가 나를 노리고 있다는 사실이 한 발짝 내디딜 때마다 나를 불안하게 만들었다. 거기다 반투명한 톱니바퀴도 하나씩 내 시야를 가로막기 시작했다. 나는 드디어 최후의 순간이 다가온 것에 두려워하며 목덜미를 곧게 세우고 걸어갔다. 톱니바퀴는 그 수가 늘어날수록 점점 더 세차게 돌아가기 시작했다. 동시에 또 오른편의 소나무 숲은 고요히 가지를 맞댄 채, 마치 섬세한 커트 글라스를 빛에 비춘 문양처럼 변해 갔다. 나는 심장이 빠르게 뛰는 것을 느끼며 몇 번이나 길가에 멈춰 서려고 했다. 하지만 누군가에게 떠밀리는 것처럼 멈춰 서기조차 쉽지 않았다."

---

* 세계적으로 유명한 스카치위스키로 라벨에 검은 개와 흰 개가 마주 보고 있다.
† 성격이 매우 극단적이고 모순적이었다고 알려진 스웨덴의 극작가 아우구스트 스트린드베리와 같은 이름으로 설정된 화자와 한동네에 사는 외국인.

망상에 빠져 있던 화자는 결국 공황 상태에 이르고, 덮쳐오는 위협이 점차 거대해지는 것을 상징하듯이 이 소설의 제목인 톱니바퀴가 등장한다. 작품의 마지막은 이 단편에도 인용된 다음 문장으로 마무리된다.

"나는 이제 이다음을 계속 써나갈 힘이 없다. 이런 기분 속에서 살아가는 것은 이루 말할 수 없는 고통이다. 누구 내가 잠든 사이에 가만히 목 졸라 죽여 줄 사람 없는가?"

하루키의 소설 자체가 기묘한 이야기일 수도 있지만, 《1Q84》의 〈공기 번데기〉를 비롯한 작품 속 작품은 소설의 세계로부터 더욱 불가사의하고 깊은 곳으로 독자를 이끈다. 이 단편에서도 아쿠타가와 류노스케의 〈톱니바퀴〉는 매우 기묘하고 숨 막히는 세계를 그려 내는 작품 속 작품으로 등장한다.

"화창한 일요일 아침에 낭독하기 좋은 작품은 아니다"라는 화자의 말은 적절한 감상이다. 그러나 오빠는 이 작품이 마음에 들었는지 "넌 낭독을 잘하는구나" 하고 칭찬한다. 게다가 "내용을 제대로 이해하지 않고선 웬만하면 그렇게 못 읽지. 특히 마지막 부분이 좋았어" 하고 덧붙인다. 작품이 오빠의 마음에 명백하게 울림을 준 것이다. 오빠는 화자가 내용을 잘 이해했다고 느끼는데, 이는 두 사람이 작품을 공유했다는 뜻이다.

뒤이어 오빠의 고백이 시작되어 그가 심각한 증세에 시달리고 있다는 사실이 드러난다. 낭독을 부탁받았을 때 화자가

"아주 신경질적이고 울적해지는 이야기인데요" 하고 망설이자 오빠는 "독으로 독을 다스린다"라는 말도 있다며 낭독을 재촉한다. 나중에 밝혀지는 일이지만 실제로 상황이 그렇게 되기도 한다. 당시 오빠는 본인이 정신적으로 병들어 고통받는다는 사실을 자각하고 있었던 것 같다.

오빠는 "실은 말이야, 기억이 통째로 날아가 버린 적이 몇 번 있어" 하고 고백한다. 구체적으로는 "일테면 오후 세 시에 갑자기 기억이 끊겨서 정신 차리고 보면 오후 일곱 시가 되어 있고, 그 네 시간 사이에 내가 어디서 뭘 했는지 전혀 떠오르지 않는" 식이라고 한다. 이는 심리학에서 말하는 '해리성 장애'에 해당할 것이다. 해리성 장애란 의식이 사라지거나 다른 의식으로 전환되어 그 사이에 자신이 한 행동을 기억하지 못하는 정신장애다.

이어 오빠는 "만약 내가 기억이 툭 끊겼을 때 커다란 쇠망치를 가져와서 마음에 안 드는 녀석의 머리를 힘껏 내리치면, 그건 '난처하게 됐네요' 정도로는 안 끝날 일이잖아?"라고 말하는데 이 대목이 실로 흥미롭다. 《해변의 카프카》에서는 소년 카프카가 피투성이가 되어 쓰러져 있을 때 아버지가 누군가에게 살해당한다. 오빠의 말대로라면 이런 일이 충분히 일어날 수 있으며, 하루키의 다른 작품에서도 비슷한 사건이 그려지고는 한다.

"이럭저럭해서 학교에 잘 안 가게" 되었고, "생각하면 할수록 나 자신이 무서워져서" 그로 인해 오빠는 은둔형 외톨이가 되어 버린 모양이다. 그래서 일요일에 다른 가족 모두가 외출 했는데도 집에 남아 있었을 것이다. 동시에 오빠는 "나는 항상 나야"라고도 말한다. 이 일련의 이야기들에는 일인칭 단수의 절대성에 대한 의문과 두려움, 동시에 그럼에도 여전히 유지되는 자기 자신에게 던지는 질문이 포함되어 있다. 아쿠타가와 류노스케의 소설을 공유함으로써 화자와 여자 친구의 오빠는 깊은 차원에서 만나고, 나아가 오빠가 자신의 비밀을 고백하기에 이른다.

결국 열두 시 반이 지나도록 여자 친구가 오지 않아서 화자는 집으로 돌아간다. 그리고 오후 두 시 넘어 여자 친구로부터 "약속한 건 **다음 주** 일요일이잖아?" 하고 전화가 걸려 온다. 화자는 어딘가 납득이 가지 않지만 순순히 사과한다. 하지만 오빠와 둘이서 대화를 나누었다는 사실은 굳이 이야기하지 않는다. 그건 전혀 다른 차원의 일이기 때문이다. 이처럼 이 단편에는 공유하는 것과 공유하지 않는 것이 존재한다는 점이 눈길을 끈다. 어쩌면 여자 친구와는 무언가 신비롭고도 본질적인 깊은 것을 공유할 수 없다는 사실을 화자는 알고 있었는지도 모른다.

죽음과 실패한 만남

 화자는 여자 친구의 오빠와 십팔 년 만에 도쿄에서 우연히 재회한다. 그때 화자는 서른다섯 살로 아내와 둘이 도쿄에 살고 있다. 서른다섯 살은 의미심장하게도 아쿠타가와 류노스케가 목숨을 끊은 나이다. 한쪽은 삶을 향하여, 다른 한쪽은 죽음을 향하여 운명이 교차된 것이다.
 언덕길에서 우연히 마주친 오빠가 화자를 알아보고 말을 걸어 두 사람은 커피숍에 간다. 이 역시 순전한 우연이며 어떤 측면에서는 두 번째 만남이라고도 할 수 있다. 거기서 오빠는 여동생이 삼 년 전 세상을 떠났다고 화자에게 알려 준다. 서른두 살에 두 아이를 남겨 둔 채로 말이다. 딱히 우울해하거나 고민거리가 있어 보이지도 않았던 탓에 아무도 원인을 모른다고 한다. 또 충동적인 죽음도 아니었으며, 수면제를 모아 뒀다 먹은 것으로 보아 계획적인 자살이라고 한다. 두 사람은 한동안 침묵을 지키고, 화자는 여자 친구와 이별하던 순간을 떠올린다.

 나와 여자 친구는 그날 롯코산 위쪽의 호텔 카페에서 헤어졌다. 나는 도쿄에 있는 대학으로 진학했는데 거기서 한 여자애를 좋아하게 되었다. 눈 딱 감고 그 사실을 털어놓자 그녀는 입을 꾹 다문 채 핸드백을 껴안고 자리에서 일어섰다. 그리고 그대로 뒤도 돌아보지 않고 빠른 걸음으로 카페에서 나갔다.

그것이 여자 친구와의 마지막 만남이었다. 두 사람은 십 대에만 가질 수 있는 멋진 시간을 공유했지만, 화자는 다음과 같이 고백한다.

결국 그녀는 내 귀 안쪽의 특별한 종을 울려 주지 않았다. 아무리 귀를 기울여도 그 소리는 마지막까지 들리지 않았다. 아쉽게도. 하지만 내가 도쿄에서 만난 한 여자는 그 종을 확실하게 울려 줬다. 이론이나 윤리에 따라 마음대로 조정할 수 있는 게 아니다. 그것은 의식 혹은 영혼의 매우 깊은 곳에서 저절로 일어나거나 일어나지 않으며, 개인의 힘으로는 도무지 바꿀 수 없는 종류의 일이다.

즉 화자는 진정한 의미로는 여자 친구와 만나지 못했으며, 그 점은 종소리가 울리지 않았다는 표현으로 드러난다.

여자 친구가 죽은 이유는 알 수 없다. 오빠는 마지막으로 "사요코는 너를 가장 좋아했던 것 같아" 하고 말한다. 여자 친구는 울리지 않는 종소리가 울리기를 바란 것일까. "꿈이 죽는다는 건, 어떤 면에서는 실제의 생명이 죽음을 맞이하는 것보다 더욱 슬픈 일이다"라는 화자의 말처럼 누군가에게는 꿈과 생명의 가치가 뒤바뀌어 있다. 여자 친구는 울리지 않은 종소리에 절망해서 목숨을 끊은 것인지도 모른다.

종소리가 울릴지 말지를 조정할 수 없다는 것은 중요한 포인트다. "이론이나 윤리에 따라 마음대로 조정할 수 있는 게 아니다" "그것은 의식 혹은 영혼의 매우 깊은 곳에서 저절로 일어나거나 일어나지 않으며"라는 서술을 보면 그 중요성을 알 수 있다. 진정한 만남은 종이 울림으로써 비로소 가능해지는지도 모른다.

하지만 종소리는 계속해서 울리는 것일까? 종소리가 들렸다는 도쿄의 여자와는 그 뒤 어떻게 되었을까? 이 단편은 사춘기에 관한 이야기다. 과거의 소녀와 종을 울려 준 여자가 나이를 먹으면 그다음에는 어떻게 되는 것일까? 그런 이야기는 이 단편 〈위드 더 비틀스〉에 나오지 않는다. 마지막 문장은 충격적인 만남을 안겨 준 첫 번째 소녀를 묘사한다. "지금도 열여섯 살 그대로, 존과 폴과 조지와 링고의 반쯤 어둠에 잠긴 사진을 사용한 근사한 앨범을 소중히 품에 꼭 안고서." 이렇게 이 작품은 끝까지 사춘기의 이야기로 마무리된다.

우연한 공유와 우연한 치유

둘은 〈톱니바퀴〉 이야기를 다시 꺼내게 되었는데, 화자가 기억이 사라지는 증세에 대해 묻자 오빠는 놀랍게도 "어느 순간 갑자기 없어졌어"라고 말한다.

"의사 말로는 유전성 질환이라서 시간이 흐르며 진행될 수는 있지만 나을 가능성은 없다고 했는데, 그게 싱겁게도 갑자기 나아 버렸어. (…) 널 만나서 이야기를 나누고 얼마 뒤부터였지 싶어."

화자와 오빠는 아쿠타가와 류노스케의 〈톱니바퀴〉를 공유함으로써 진정한 만남을 가졌을 것이다. 그리고 무언가를 공유함으로써 오빠 안에서 따로따로 떨어져 있던 것이 하나로 이어진 듯하다. 진정한 공유란 이처럼 중요하며 바로 거기에 예술 작품의 힘, 이미지의 힘이 있다. 꿈 등의 이미지를 이용하는 심리 치료에서도 이미지의 공유가 치료로 이어진다. 이 경우에는 이야기의 내용뿐만 아니라 실제로 그 이야기를 읽고 낭독한다는 현실성과 신체성이 중요했던 것으로 보인다.

오빠는 화자에게 기억이 사라지는 문제가 없어졌다고 말하는데, 이와 같이 자신의 상태가 좋아졌다는 사실을 나중에 이야기로 공유하는 것 또한 중요한 일이다. 그 공유를 통해 마침내 자신에게 닥친 문제가 해결되었다는 이야기가 진정으로 완결되기 때문이다. 심리 치료에서도 내담자가 자신의 상태가 좋아졌다는 사실을 나중에 상담자에게 말해 주러 오는 경우가 있다. 이 단편에서는 우연에 의해 비로소 공유와 치유가 가능해졌고, 또 다른 우연에 의해 그것을 이야기할 기회가 생겼다.

또한 무서운 일이기는 해도 치유에는 희생이 뒤따를 때가 있다. 여기서는 스스로 목숨을 끊은 아쿠타가와 류노스케와 자살한 사요코가 그런 경우다. 심리 치료 중에도 내담자의 상태가 좋아질 때면 어떤 희생이 뒤따르는 경우를 이따금 볼 수 있다. 심리 치료에서는 업 앤드 다운이 흔한 일이라서 내담자의 상태는 좋아졌다가 나빠지기를 반복한다. 심리학자 후지마키 루리가 보고한 사례에서는[18] 한 남성 내담자의 상태가 점차 나아지더니 마지막 무렵 그의 동료가 죽음을 맞이하는데, 이를 내담자 내면의 죽어가던 부분 혹은 희생되던 부분이라고 생각하면 딱 맞아떨어진다.

하지만 여기서 말하는 희생은 '희생이 있었기에 치유되었다'라는 식의 인과관계적인 것이 아니다. 이는 조작할 수도 없을뿐더러 부정적인 것을 피하기도 불가능하다. "이론이나 윤리에 따라 마음대로 조정할 수 있는 게 아니다. 그것은 의식 혹은 영혼의 매우 깊은 곳에서 저절로 일어나거나 일어나지 않으며, 개인의 힘으로는 도무지 바꿀 수 없는 종류의 일이다." 이 문장은 치유와 희생에 관해서도 그대로 적용할 수 있다. 그리고 모든 사람이 연결된 결과로써 운명적 만남 constellation을 나중에야 깨닫는다.

제 5 장

자네가 내게 다시 생명을 주었지

이제까지 우리는 작품 속 현실의 만남을 살펴보았다. 반면 이번에는 허구의 만남이 무대 위에 등장한다. 이 장에서 다룰 단편 〈찰리 파커 플레이즈 보사노바〉의 화자는 꿈속에서 재즈 연주자인 찰리 파커를 만나는데, 이는 곧 죽은 자와의 만남이기도 하다. 하지만 〈크림〉의 노인이 실제로 존재하는 인물이었는지, 아니면 화자 앞에 나타난 환영 같은 존재였는지 명확하지 않은 것처럼 현실의 만남과 허구의 만남은 무 자르듯 구분할 수 없다. 또한 이 단편에도 만남의 매개물이 존재하는데, 그것은 바로 음악이다.

허구의 인물과 만나기

"버드가 돌아왔다. 이 얼마나 근사한 말인가!"

이 단편은 화자가 음악 잡지에 기고한 위의 문장으로 시작된다. 인용문은 다음과 같이 이어진다. "때는 1963년. 사람들이 버드,* 즉 찰리 파커의 이름을 마지막으로 들은 지도 벌써 하세월이 지나 있었다."

찰리 파커는 재즈 뮤지션, 알토 색소폰 연주자이자 모던 재즈(비밥)를 만들어 낸 인물로 1955년에 이미 세상을 떠났다. 그러니 1963년은 사람들이 그의 이름을 마지막으로 들은 것으로부터 오랜 세월이 지난 때라 해도 무리는 아니다. 화자는 "그러나 만약 버드가 1960년대까지 살아서 보사노바에 관심을 가졌고, 혹 그것을 연주했다면…… 그렇게 상정하고 나는 이 가상의 앨범 비평을 썼다"라고 말한다.

이 글이 잡지에 실리자 그런 앨범이 존재할 리 없다는 사실을 아는 팬들의 항의 편지가 편집부에 여러 통 날아들었다고 한다. 이에 대해 화자는 "세상 사람들의 유머 감각이 없는 건지, 아니면 내 유머 감각이 애초에 비뚤어진 건지, 그 부분은 판단하기 어렵다"라고 말한다. 확실히 이런 짓궂은 장난은 만우절에나 허용될지도 모른다.

물론 그런 음악은 실재하지 않는다. 그러나 화자는 비평문에 앨범 수록곡까지 정성스레 나열하며 그 곡들에 대한 "그럴

---

* 찰리 파커는 연주자 생활 초기에 '야드버드'라고 불렸으며 그 축약인 '버드'를 평생 별명으로 썼다.

싸한 수식어로 가득한 서술"까지 늘어놓아 글에 상당한 현실감을 부여했다. 다시 말해 실재하지 않는 레코드라도 존재하는 것처럼 느끼게 만드는 게 이야기의 힘이다. 그 설득력 덕분에 화자의 비평문이 잡지에 실린 것이다. 그런 면에서는 설령 사실이 아닌 이야기일지라도 그것은 어떤 리얼리티에 맞닿아 있거나 리얼리티를 자아낸다고 볼 수 있다.

가상 공간에서 이루어진 공유

찰리 파커가 돌아왔다는 기사는 허구이자 속임수지만 전근대 세계에서 현실과 허구의 구분은 그다지 명확하지 않았다. 고대에는 신의 계시를 받아 정치를 하거나 중요한 결정을 내리는 것이 전 세계적으로 당연한 일이었고, 수많은 기록이 그 사실을 뒷받침한다.

마찬가지로 전근대 세계에서는 현실과 꿈의 경계선이 희미했으며 꿈으로 정치적 결단을 내리는 일 역시 흔했다. 구약성서에서는 많은 사안이 꿈으로 결정되고 일본에서도 재앙이 일어나면 천황이 칩거하며 꿈을 통해 해결책을 얻었다. 코로나19 시기에 다시 유명해진 일화인데, 스진 천황은 역병이 돌았을 때 '신의 잠자리'에 틀어박혀 기도를 올렸다. 그러자 꿈에 일본 신화의 신인 오모노누시노오카미가 나타나 오타타네

코라는 남성을 찾아내어 자신을 모시게 하라고 계시를 내렸다. 꿈에서 깨어난 천황이 신의 계시 혹은 자신의 꿈에 따라 오타타네코라는 남성을 찾아내 신관으로 삼고 미와산에 오모노누시노오카미를 모시게 하자 역병이 사그라들었다고 한다. 여기서는 꿈에도 리얼리티가 있다고 인정했을 뿐만 아니라, 나아가 꿈에 현실 이상의 가치를 부여해 진지하게 받아들이고 꿈속 메시지를 실행에 옮긴 것이 사태의 해결로 이어졌다.

또한 불교에서는 왕이나 고승이 꿈에서 계시를 받고 사찰을 짓거나 불탑을 세우는 일이 잦았는데, 이를 봐도 현실과 비현실의 경계가 애매하다는 점을 알 수 있다. 그런 면에서 기독교와 기독교 정신은 특수하다. 기독교에는 성서라는 단 하나의 경전이 있으므로 그것 말고는 가짜가 되어 '위서僞書'로 불린다. 전근대에서 근대로 넘어오며 계몽주의, 과학주의, 객관주의가 탄생해 허구와 객관적 현실이 엄격히 구분되었는데, 그 뿌리는 이미 기독교 정신 속에 자리 잡고 있었다.

한데 근대 세계에서 이른바 포스트모던의 세계로 들어서고, 게다가 인터넷이 사회에 침투하며 현실과 허구의 구분선이 다시금 흔들리는 듯하다. 일본에서는 사람이 죽어도 다시 살아난다고 믿는 아이들의 수가 늘어나고 있다는 사실이 사회 조사를 통해 드러났다. 인터넷 세상에는 다양한 캐릭터가 존재하고, 죽은 사람도 말을 하며, 또 애초에 태어난 적조차 없는 사람이 버젓이 존재하기도 한다. 뿐만 아니라 인터넷 세상에는 실제 자신의 성별이나 연령과 다른 인물로 등장할 수 있으며, 여러 가지 캐릭터를 상황에 따라 구분해서 쓰는 것도 가능하다. 이는 의도적으로 이루어지기도 하나 무의식적으로 그렇게 될 때도 있다. 이처럼 요즘 세상에서는 현실과 허구의 경계가 흐려지고 있다.

이 세상에는 과학적 견해와 객관적 자료가 보편적으로 퍼져 있는 것처럼 보이지만, 경제나 시장은 소문에 따라 움직이며 심리적 요인이 큰 비중을 차지한다. 흔히들 말하는 "소문에 사고 뉴스에 판다"라는 주식 시장의 행동 패턴도 그 한 예다. 경제학에서 심리학이나 행동과학이 중요해지는 이유가 여기에 있다.

게다가 요즘은 페이크 뉴스가 퍼지면서 사실이 아닌 것이 의도적으로 사실처럼 포장되어 사람들을 속이고 있다. 최근 퍼진 음모론, 누군가가 그 음모에 맞서 싸우고 있다는 또 다른 소문, 코로나 백신에 대한 아무런 근거 없는 루머가 확산되어 사람들이 믿는 것이다. 또한 반대로 확고한 사실조차 페이크 뉴스라고 불리며 부정당하기도 한다. 그런 점에서 객관적 진실이라는 개념은 이제 효력을 잃었다고도 할 수 있다.

이와 관련하여 2차 창작이라는 것이 매우 유행하고 있다. 2차 창작이란 어떤 오리지널 작품을 바탕으로 또 다른 창작물을 만드는 행위인데, 이를테면 버드가 1955년 이후에도 살아 있어서 이러이러한 곡을 남겼다는 화자의 비평문도 일종의

2차 창작으로 볼 수 있다. 어쩌면 실제로 그런 앨범을 만들어 음악으로 2차 창작을 할 수 있을지도 모른다.

  이제까지 살펴본 바와 같이 전근대 세계는 현실과 허구가 뒤섞여 있었지만 근대로 넘어오자 엄격하게 구분되었고, 허구는 현실적이지 않아서 부정되었다. 그러나 포스트모던 시대를 맞이하여 다시금 현실과 허구의 경계선이 흐릿해지고 있다.

현실과 가상의 우연한 일치

  한데 "여기서 이 이야기는 일단 끝난다. 이제부터가 후일담이다"라는 문장으로 시작하는 대목부터 놀랍게도 분명 허구였던 이야기가 현실이 된다. 그저 장난으로 찰리 파커의 신작에 관한 글을 쓰고 십오 년 뒤, 화자는 일 때문에 머무르고 있던 뉴욕 시내의 중고 레코드 가게에서 「Charlie Parker Plays Bossa Nova」라는 제목의 레코드를 발견한다. 레코드 재킷 뒷면에 적힌 수록곡과 연주자 명단은, 피아노 연주자가 다른 두 곡을 제외하면 곡명도 연주자 이름도 대학생 시절 화자가 적당히 꾸며 낸 글과 토씨 하나 다르지 않다.

  분명 허구였던 이야기가 현실이 되었다. 이럴 때 자신이 꿈을 꾸는 것인지 환각을 보는 것인지 의심할 수 있지만, 화자가 "환상의 세계로 잘못 들어선 것이 아니다"라고 명확하게 밝혔듯이 그가 보는 것이 환각이나 망상이 아니라는 점이 중요하다. 자의식이 비대해서 극단적으로 자신을 중심에 두는 경우라면 본인의 글을 바탕으로 누군가가 앨범을 만들어 낸 것이 틀림없다고 망상할 수도 있겠지만 화자는 그렇지 않다. 이것은 화자의 마음속에서 일어난 일이 아니라 현실이다.

 이 장면은 허구나 속임수 속에 일종의 리얼리티가 있다는 것을 뜻한다. 그것이 무엇이든 쓰는 행위에 의해 리얼리티가 생겨나며, 존재할 리 없었던 것이 현실이 된다. 이야기에는 그런 힘이 있다. 뉴욕에서 레코드를 발견했다는 에피소드 자체도 허구나 속임수일 수 있지만 작품 속에서는 현실과 중첩되어 있다.

 심리 치료에서도 내담자의 이야기나 꿈을 중점적으로 다루므로 어떤 면에서는 공상이나 허구가 중심이라 할 수 있다. 심리 치료에서는 정해진 시간, 정해진 장소(상담실)라는 보호받고 닫혀 있는 시공간이 만들어지기에 현실과는 구분되는 꿈과 공상이 의미를 지닌다. 그 닫혀 있는, 비현실적이고 허구적인 세계에서 마음이 변화를 일으키는 것이다. 그런데 내담자에게 큰 변화가 생길 때면 비현실의 시공간에 머무르지 않고 허구와 공상에서 벗어나 현실과 교차하는 순간이 있다. 가령 상담자와 내담자가 상담실 바깥의 현실 속 공간에서 우연히 마주치거나, 꿈이 현실로 이어지거나, '우연의 일치'라는 말 그대로 상담 시간에 했던 이야기와 현실이 의미심장하게 맞아떨어지는 것이다. 이는 부정적으로 보면 상담의 닫힌 시공간이 무너지거나 금이 가는 것이지만, 긍정적으로 보면 상담에서 해 왔던 것이 현실의 변화로 이어지는 순간이기도 하다.

줄거리를 미리 말하자면 이 단편은 다음과 같은 3부로 구성되어 있다.

1. 버드의 가상 앨범에 대한 비평
2. 가상이라고 생각했던 앨범을 뉴욕의 레코드 가게에서 발견함
3. 꿈에서 버드를 만나 그의 연주를 들음

단편소설로서 생각해 보면 이 작품은 1부와 3부만 있어도 성립할 것이다. 다시 말해 화자가 자신이 좋아하는 연주자인 버드의 가상 앨범에 대한 비평을 쓰자 어느 날 꿈에 버드가 나와서 연주해 주는 것만으로 소설의 구성은 충분하다. 하지만 2부를 넣음으로써 이야기의 실감이 진해지고 현실과의 접점이 생겨난다. 앞서 말했듯이 심리 치료에서도 현실과 접점이 생기는 순간, 우연의 일치가 일어나는 순간이 있다. 그러나 이를 그저 허구와 현실의 신기한 일치로만 여기고 넘겨 버리

면, 예컨대 꿈이 들어맞았다고만 생각해 버리면 이 이야기의 3부와 같은 깊이가 생겨나지 않는다.

영원하지 않은 순간들

화자는 상당히 망설이지만 결국 그 레코드를 사지 않는다. 누군가가 "가짜 레코드를 모양만 그럴싸하게 만들어 냈다"고 생각했기 때문이다. 이는 마치 부모가 산타클로스를 연기한다는 사실을 간파해 내는 아이처럼 매우 냉철한 판단이다. 의식의 성장 및 강화와 함께 사람은 냉철한 사고방식을 지니게 된다.

그런데 화자에게 뒤늦게 급작스러운 후회가 밀려든다. "역시 그 레코드는 샀어야 해" 하고 말이다. 화자는 다음 날 레코드 가게에 가보지만 찾는 물건은 보이지 않는다.

가게 주인은 "분명 착각일 거예요"라고 말한다. 또 자신이 이 가게의 모든 레코드를 관리하므로 그런 앨범이 있다면 틀림없이 기억할 것이라고 덧붙인다.

화자는 나중에야 역시 그 레코드를 사야 했다며 가게로 달려가지만 해당 앨범은 찾을 수 없다. 이는 매우 있을 법한 일이다. 우리는 무언가, 혹은 누군가를 만나더라도 대체로 그 중요성을 너무 늦게 깨달아서 그에 대해 헌신하지 못한다. 나중에야 더 파고들어야 했는데, 말을 걸어야 했는데, 부름에 응해야 했는데 하고 깨닫지만 때는 이미 늦어서 진정한 만남에 실패하고 만다. 앞서 다룬 〈돌베개에〉의 화자는 나중에 여자의 단카를 읽고 "내 마음 깊은 곳에 가닿았다"라고 말하지만 그녀는 이미 떠나버렸고, 아마도 영원히 다시 만날 기회가 없을 것이다.

〈전장의 크리스마스〉라는 제목으로 영화화된 로렌스 판 데르 포스트의 단편 〈그림자의 감옥에서 A Bar of Shadow〉는 일본군 포로가 된 영국 장교 로렌스와 일본인 병장 하라의 만남을 그린 이야기다. 전쟁이 끝나 전범으로 기소된 하라 병장은 사형이 확정되고 로렌스는 그를 면회하러 간다. 말하자면 서로의 그림자가 엇갈리는 장면이다. 이제껏 품고 있던 생각을 서로에게 털어놓는 두 사람의 대화도 인상적이지만, 여기서 주목하고 싶은 부분은 로렌스의 감정과 행동이다. 작별할 때 하라가 "메리 크리스마스, 미스터 로렌스"라고 말하자 로렌스는 그를 포옹하려 한다. 그러나 영국 장교의 자존심과 절제 때문인지 생각만으로 그치고, 결국 로렌스는 그냥 돌아선다. 나중에 후회하며 돌아가 보지만 하라는 이미 죽어 있다. "우리는 언제나 너무 늦는 것일까?"라는 작중 문장처럼, 사람들은 종종 뒤늦게 깨닫고 만남에 실패한다. 심리 치료에서도 뒤늦게 깨닫지만 때는 이미 늦어버린 경우가 많다. 우리는 너무 늦게 깨닫는 탓에 만남에 자주 실패한다.

꿈에서의 생생한 만남

 허구란 만들어 낸 것이며 거기에는 가짜라는 뉘앙스도 다소 포함되어 있다. 반면 꿈은 분명 판타지의 일종일 수도 있지만 자기 마음대로 내용을 지정할 수 없다는 점에서 어떤 리얼리티를 품고 있으며, 다른 차원과 현실을 열어 준다. 어느 날 밤 화자는 찰리 파커가 나오는 꿈을 꾼다.
 "그 꿈에서 찰리 파커는 나를 위해, **나 하나만을 위해**「코르코바도」*를 연주해 줬다."
 화자가 젊은 시절 잡지에 쓴 허구의 기사는 독자인 다른 사람들에게도 보여 주기 위한 것이었다. 하지만 꿈은 화자 자신만의 리얼리티다. 연주는 "리듬 섹션 없이 알토색소폰 솔로로" 진행되었기에 찰리 파커도 혼자서 등장해 화자와 둘만의 만남이 이루어진다. 이 만남은 버드의 연주라는 음악을 매개로 한 것이다. 앞서 여러 차례 강조했듯이 만남에는 공유물이 필요하고, 그것은 흔히 예술 작품의 형태를 띤다. 여기서도 만남은 음악의 공유를 통해 생겨난다. 혹은 이 단편에서는 가상의 작품 비평으로부터 이야기가 시작되므로, 그 가상의 작품이 화자와 찰리 파커의 만남을 이끌어 준 셈이라고도 할 수 있다.

---

* 브라질의 음악가 안토니오 카를로스 조빔이 작곡한 유명한 보사노바 곡.

"어딘가 틈새로 새어드는, 길쭉하고 눈부신 햇빛 속에 버드는 홀로 서 있었다. (중략) 그리고 그의 손에 들린 알토색소폰은 터무니없이 더럽고 먼지와 녹으로 가득했다."

화자는 꿈에 나온 버드를 이렇게 묘사한다. "그때 갑자기 내 코가 엄청나게 향긋한 커피 향을 맡았다." 그런데도 "나는 눈앞의 버드에게서 한순간도 시선을 떼지 않았다." 이는 어떤 의미일까. 여기서 화자가 "향기가 났다"라고 표현하지 않고 "코가 향을 맡았다"라고 표현했다는 점이 중요하다. "향기가 났다"는 묘사인 반면, 코가 향을 맡았다는 표현에서는 신체 감각이 강조된다. 다시 말해 커피 향은 몸으로 느끼는 현실적인 자극이며, 이는 버드의 모습 및 그 이후의 연주와 이중으로 겹친다. 이러한 현실적인 자극 때문에 뒤이어 "나는 그것이 꿈이라는 사실을 알았다"라는 문장이 나오는 것이다. 바꿔 말하자면 이는 꿈도 현실도 아닌 세계에서 무언가가 화자의 눈앞에 생생하게 나타났다는 뜻이다. 무라카미 하루키의 작품에는 이러한 이중의식이나 꿈도 현실도 아닌 실감 나는 세계가 종종 등장한다. 일테면 《색채가 없는 다자키 쓰쿠루와 그가 순례를 떠난 해》에서 쓰쿠루와 하이다의 만남이 그러한데, 여기서도 같은 일이 일어나고 있다.

설명하기 어려운 경험

 버드는 시험 삼아 소리를 잠시 내어 본 다음 「코르코바도」를 연주한다.
 "버드가 나 하나만을 위해 꿈속에서 연주해 준 음악은, 나중에 돌이켜보니 음의 흐름이라기보다 오히려 **순간적이면서도 전체적인 내리쬠**에 가까웠던 듯하다." 화자는 "그 음악이 존재했다는 것을 나는 생생하게 떠올릴 수 있다. 하지만 그 음악을 재현하기란 불가능하다. 시간순으로 더듬어 갈 수도 없다"라고 말한다. 게다가 "만다라의 무늬를 말로 설명할 수 없는 것과 마찬가지다. 내가 할 수 있는 말은, 그 연주가 영혼 깊은 곳에 있는 핵심까지 가닿는 음악이었다는 것이다"라고도 덧붙인다. 영혼 깊은 곳에 가닿는 건 대체 어떤 일일까.
 상식적으로 음악은 시간의 흐름 속에서 연주되고 생겨난다. 그러나 여기서 음악은 시간의 경과와 함께 전개되는 것이 아니라고 한다. 이는 모차르트가 작곡에 대해 했던 말을 연상시킨다. 모차르트는 작곡을 할 때 음을 순차적으로 떠올리는 것이 아니라 곡을 순식간에 전체적으로 파악한다고 했다. 마찬가지로 여기서도 '순간적이면서도 전체적인 내리쬠'이라는 표현이 등장한다. 모든 것이 한순간에 응축되어 있다.
 이는 털 하나에 온 우주가 들어 있고 한순간에 모든 시간이 담겨 있다고 보는 화엄종의 세계와 같다. 그래서 뒤에 만다라라는 단어가 등장하는 것이다. 꿈속 버드의 연주는 존재의 근원에 가닿는 듯한 음악이었다. 시간을 주제로 한 판타지인 미하엘 엔데의 《모모》에서, 시간 관리자 호라 박사가 모모에게 보여 준 '시간의 꽃' 역시 만다라의 구조를 가지고 있다.

무라카미 하루키는 이야기의 중요성을 자주 강조한다. 이야기에는 시간의 경과가 필요하다. 하루키는 이야기를 "느린 속도의 탈것" "끝없는 패러프레이즈의 연쇄"[19]라고 일컬었다. 하지만 그의 작품에는 순간적인 것과 전체적인 것을 향한 시선이 공존한다. 예컨대 《기사단장 죽이기》의 그림 한 장에는 모든 것이 담겨 있다. 그래서 존재의 근원이자 "영혼 깊은 곳에 있는 핵심까지 가닿"을 수 있다.

화자는 찰리 파커의 꿈속 연주에 대해 "듣기 전과 들은 후, 내 몸의 구조가 조금 다르게 느껴진다"라고 말한다. 존재의 근원에 가닿음으로써 사람 자체가 변할 수 있는 것이다. 이때 정신이나 깨달음 같은 단어를 쓰지 않고 몸이라고 표현했다는 점이 눈길을 끈다. 하루키는 이야기에 대해서도 같은 말을 한다. 이야기를 "읽고 나면 다른 사람이" 된다.

"그 음악이 존재했다는 것을 나는 생생하게 떠올릴 수 있다. 그러나 그 음악을 재현하기란 불가능하다." 이것이 바로 리얼리티 또는 신비의 비밀이자 본질이 아닐까. 이에 대해 잠시 설명해 보겠다.

융의 자서전 《카를 융—기억 꿈 사상》에 따르면, 융이 만난

우간다의 엘곤족은 손에 침을 바르고 떠오르는 태양을 향해 두 손을 뻗는다고 한다. 융은 다양한 질문을 던지며 그 행동의 이유를 밝혀내려 하지만 그들은 자신이 왜 그렇게 하는지 잘 설명하지 못한다. 하지만 융은 그들이 심오한 종교 체험을 하고 있다는 것을 느낀다. 그때 융은 그들은 자신이 어떤 행동that을 하는지는 알지만 그것이 무엇what인지는 모른다. 즉 그것을 설명할 수는 없다는 사실을 깨닫는다. 바꿔 말하자면 어떤 직접적인 리얼리티가 있어서 본인이 체감은 할 수 있으나 그에 대해 설명할 수는 없는 것이다. 이 대목에서 버드의 음악 역시 마찬가지였을 것이다.

죽음 이후의 만남과 위로

"내가 죽었을 때, 난 고작 서른네 살이었어." 버드는 화자에게 이렇게 말한다. 화자는 자신이 만약 서른네 살에 죽었다면 어땠을지 자문하며 "서른네 살이면 내가 아직 여러 가지를 갓 시작한 무렵이었다" 하고 생각한다. 무라카미 하루키의 작가 데뷔가 서른 살이었다는 점을 생각해 보면 서른넷이라는 나이가 얼마나 젊은지, 또 얼마나 많은 것을 갓 시작할 때인지 실감할 수 있다.

이에 대해 버드는 "그래, 나도 이런저런 걸 이제 막 시작하는 시기였어"" 인생을 갓 시작한 참이었지. 하지만 문득 정신을 차려보니, 그리고 주위를 둘러보니 모든 게 이미 끝나 있더군"하고 말한다.

이 단편은 음악과의 만남뿐만 아니라 죽은 자와의 만남도 그리고 있다. 버드는 뒤이어 "자네는 내게 다시 한번 생명을 줬어. 그리고 내가 보사노바를 연주하게 해 줬지"라고 하며, "난 자네한테 인사 한마디 하려고 여기 들른 거야. 고맙다는 말을 하려고"하고 덧붙인다.

이 연주 기회를 만든 것은 죽은 자의 영혼에 대한 위로이기도 하므로 버드는 화자에게 감사를 표한다. 또 보사노바를 연주하게 해 준 것에 대해서도 버드는 "난 항상 새로운 음악을 좋아했어"라고 말한다. 융은 《카를 융 — 기억 꿈 사상》 중 〈사후의 삶에 관하여〉[20]에서 '죽은 자는 자신이 세상을 떠난 순간에 멈춰 있을 수도 있다'라는 가설을 세운다. 그렇기 때문에 죽은 자에게 새롭게 일어난 일을 알려 줄 필요가 있다는 것이다. 이 단편에서도 화자는 버드가 세상을 떠난 시점에는 몰랐던 장르의 음악을 알려 주고, 이를 통해 버드의 영혼은 재생되고 위로받는다.

버드는 "죽었을 때""내 머릿속에 있었던 건 단 하나의 멜로디였어""그걸 반복하고 또 반복하며 한없이 머릿속에서 흥얼거렸지"라고 말한다. 재즈 연주자가 어떤 멜로디를 반복해서 흥얼거렸는지 궁금해지는 대목인데, 그 음악은 놀랍게도 재즈가 아니라 "베토벤 피아노 협주곡 1번 3악장 중 한 소절"이라고 한다. 한술 더 떠 버드는 그런 클래식 음악에 대해 "최고의 스윙을 보여 주는 한 소절"이라고까지 말한다.

이는 대체 무슨 뜻일까. 재즈 연주자의 내면에 인류 음악의 전통과 연결되는 무언가가 존재하는 것일까? 그렇다면 그것은 장르를 초월한 자유로운 음악일까? 아니면 사람은 세상을 떠날 때도 무언가와 이어져 있는 것일까?

무겐노와 보사노바로부터

앞서 이 단편은 3부로 나눌 수 있다고 말했는데, 마지막 부에 해당하는 대목에서 화자는 버드를 꿈속에서 만나고 거기서 죽은 자의 영혼이 위로받는다. 이는 화자가 버드와 음악을 만나 그의 연주가 "영혼 깊은 곳에 있는 핵심까지 가닿"은 것을 넘어, 이미 언급한 바와 같이 한스럽게 세상을 떠난 버드의 영혼을 위로하는 일이기도 하다.

이러한 구조는 복식무겐노複式夢幻能*의 구성과 비슷하다고 할 수 있다. 복식무겐노 전장前場에서는 전국을 떠도는 승

---

* 무겐노란 일본의 전통 가면극인 노能 가운데 신이나 영혼 등 초자연적 존재를 주인공으로 한 것을 말하며, 복식무겐노는 무겐노 중에서도 전장과 후장으로 구성된 작품이다.

려(조연)가 그 고장 사람(주연)을 만난다. 둘이서 대화를 주고받은 뒤 그 고장 사람은 자신이 역사 속 인물임을 밝히며 사라진다. 후장後場에서는 역사 속 인물이 승려의 꿈에 나타난다. 승려가 꾸는 꿈속에서 역사 속 인물은 춤을 추고, 이를 통해 그는 성불을 이룬다.

예컨대 유명한 노 작품 〈이즈쓰井筒〉의 전장에서는 전국을 떠돌던 승려가 아리와라사寺에 갔다가 그 마을 여자를 만난다. 그녀는 헤이안 시대의 귀족 기노 아리쓰네의 딸과 그 남편 아리와라노 나리히라의 슬픈 사랑 이야기를 길게 들려준다. 그리고 마지막에 자신이 바로 그 딸임을 밝히고 사라진다.

후장에서는 승려의 꿈에 기노 아리쓰네의 딸이 남편 아리와라노 나리히라의 기모노를 걸치고 나타나 춤을 춘다. 기노 아리쓰네의 딸이 남편의 기모노를 걸치고 그것과 한 몸이 됨으로써 두 사람의 결합이 이루어지는 것이다. 기노 아리쓰네의 딸이 우물(이즈쓰)을 들여다보는 장면은 이 작품에서 가장 아름다운 대목으로 그녀가 자기 자신을 본다고도 할 수 있고, 남편을 본다고도 할 수 있으며, 한 몸이 된 두 사람을 확인한다고도 할 수 있다. 사랑을 이룬 여자는 성불하고 승려는 꿈에서 깨어난다.

이 단편 3부의 꿈 장면은 죽은 자가 꿈에 나타나 성불하는 복식무겐노의 후장과 비슷하다. 버드는 춤을 추는 대신 음악을 연주한다. 〈이즈쓰〉의 전장 마지막에 마을 여자인 줄 알았던 인물이 "바로 제가 기노 아리쓰네의 딸입니다"라고 말하며 현실의 인물과 역사 속 인물이 교차하는 장면에 해당하는 것이, 이 단편 2부에서 화자가 자신이 지어낸 허구의 앨범을 현실에서 마주하는 장면이라고 볼 수 있다. 현실과 환상이 이때 교차한다.

죽은 자의 영혼이 위로받아 성불하는 노와 달리 〈찰리 파커 플레이즈 보사노바〉에서는 영혼이 오히려 갱신되고 새로워진다. 다시 말해 버드의 영혼은 베토벤 피아노 협주곡이라는 고전 음악과 연결되는 동시에 보사노바라는 새로운 음악과도 이어져 더욱 앞으로 나아간다고 할 수 있다.

만남을 기록해 두는 것

화자는 "꿈에서 깨어났을 때 머리맡의 시계는 새벽 세 시 반을 가리키고 있었다"라고 한다. 이처럼 시계를 보고 시각을 확인함으로써 화자는 시공을 초월한 꿈의 세계에서 현실로 돌아온다. 무겐노에서도 날이 밝으면 승려는 꿈에서 깨어나 현실로 돌아온다. 그리고 "커피 향은 이미 사라져 있었다." 다시 말해 꿈에서 체험한 리얼리티가 사라진 것이다.

화자는 버드가 "나 하나만을 위해 연주해 준 그 멋진 음악"을 재현해 보려 했지만 "단 한 소절도 떠올리지 못했다"라고 말한다. 아쉽게도 음악은 재현되지 않았다. 딱 한 번 감동적으로 들었던 음악의 직접성은 사라진다. 무라카미 하루키의 작품에서 직접성은 매우 중요하다. 직접성의 세계는 상징으로 매개되지 않으며, 이른바 심리학적 해석이나 상징적 해석이 불가능하다. 하루키의 작품에 폭력이나 성性과 관련된 장면이 많은 것도 이 때문이다. 그래서 등장인물들은 《태엽 감는 새 연대기》에서처럼 벽을 통과하거나 예기치 못한 만남을 이룬다. 또한 이는 우발성이 지배하는 세계이기도 하다.

하지만 화자가 음악을 떠올리지 못한다는 점에서도 드러나듯이 만남의 직접성은 사라져 버렸다. 그럼에도 화자는 "버드가 했던 말을 머릿속에 떠올릴 수는 있었다." 그리고 "그 기억이 희미해지기 전에, 그의 한 마디 한 마디를 되도록 정확하게 볼펜으로 공책에 옮겨 적었다. 그것이 그 꿈에 대해 내가 할 수 있는 유일한 행위였다"라고 덧붙인다.

이때 화자가 기록으로 남기려고 한 것은 직접적인 리얼리티가 아니라 나중에 언어로 포착한 리얼리티다. 심지어 음악 묘사도 아닌 "버드가 했던 말"이다. 그리고 그렇게 언어로 전달하는 것이 작가의 사명일 터다.

에도 시대의 하이쿠 시인 마쓰오 바쇼는 "이 눈에 비친 빛 아직 마음에 남아 있는 동안 말로 붙들어야 하네"라고 읊었다. 직접적인 리얼리티 자체는 재현할 수 없다. 하지만 그것을 말로 표현하는 것은 가능하다. 거기에 언어와 이야기의 힘이 있다. 이 단편은 실제로는 존재하지 않는 음악과 그에 대한 비평, 화자가 발견한 레코드와 그것을 나중에 사려고 했으나 없었던 일, 꿈속 음악과 꿈에서 깨어난 뒤에 언어로 남긴 기록, 직접적 리얼리티와 사후적 언어의 리얼리티 사이에서 흔들린다. 그럼에도 마지막 문장은 힘차게 리얼리티를 긍정한다. "믿는 편이 좋다. 어쨌거나 그건 실제로 일어난 일이니까."

제6장 누구나 가면을 쓰고 살아가

만남은 이제까지 몰랐던 사물이나 사람과 마주하는 만큼 근사한 경험이 되기도 하고, 자신의 인생을 도약시킬 기회도 된다. 그러나 만남은 생각지도 못한 무서운 결말을 맞이하는 경우가 있다. '묻지 마 폭행'이라는 말도 있듯이 갑작스러운 만남은 때로 범죄나 죽음으로 이어지기도 한다. 최근 '결혼 활동婚活'*에도 당연하게 이용되는 SNS나 앱을 통한 만남 역시 갖가지 위험이 도사리고 있다. 또 그 정도까지는 아닐지라도 만나는 사람의 예상치 못한 면모를 나중에 발견하고 놀라는 경험은 흔히들 해 보았을 것이다. 이번 장에서 다룰 단편 〈사육제〉는 만남의 그러한 어두운 측면, 특히 만난 상대의 부정적인 면모에 초점을 맞춘 작품이다.

---

* 본의 아니게 미혼 상태에 있는 사람이 결혼 상대를 찾기 위해 주체적으로 활동하는 것을 뜻하는 일본 신조어.

외모가 관계에 끼치는 영향

〈사육제〉는 "그녀는 지금까지 내가 만난 사람 가운데 가장 못생긴 여자였다"라는 의외의 문장으로 시작된다. "F*"라는 가명으로 칭해지는 이 여성은 화자가 어느 정도 가깝게 지냈던 여자들 중 가장 못생겼다고 한다.

이 단편집 《일인칭 단수》는 지금까지 차례로 다루어 온 몇 가지 이야기에서도 드러나듯이 만남이 주제라고 할 수 있다. 만남에는 첫인상이 매우 중요하다. "첫눈에 반하다"라는 표현도 있는 것처럼 첫 만남에서 어떤 매력을 느끼거나 서로 끌리지 않으면 진정한 만남은 웬만해서는 생겨나지 않으며, 그러한 매력 중에서도 아름다움은 중요한 요소일 터다. 그 전형적인 예가 〈위드 더 비틀스〉에서 화자와 같은 고등학교를 다닌 소녀와의 매혹적인 만남이다. 이에 반해 〈사육제〉에 등장하는 여자는 못생겼다고 묘사되며, 이는 전형적인 만남의 패턴에서 벗어난다.

못생김이라는 것은 다루기 어려운 주제다. 화자는 "가장 못생긴 여자였다"라고 말하면서도 "F*는 아마 신경도 쓰지 않을 것이다"라고 덧붙이지만, 누군가로부터 단호하게 못생겼다는 소리를 들으면 대부분의 사람은 몹시 상처받을 것이다. 나아가 사회적인 관점에서도 사람을 외모로 헐뜯는 것은 신체적 장애를 헐뜯는 것과 마찬가지로 인권 무시 또는 차별적 언행으로 문제시될 수 있다. 특히 남자가 여자의 못생김을 언급하면 남성이 여성을 일방적으로 평가하는 남성우월주의에 젖어 있다는 지적을 받을지도 모른다. 때문에 "못생겼어"라고 말하는 것은 일종의 금기와 같다.

이처럼 여러 가지 문제가 있다는 점을 염두에 두고서 이제부터 이 단편에서 다루는 아름다움과 못생김, 그중에서도 특히 못생김이라는 주제를 살펴보고자 한다. 못생겼다는 말을 차별적 발언이라는 이유로 그저 숨기기만 하는 것은, 실은 못생겼다고 내심 생각하지만 입 밖으로 내지 않는 것과 마찬가지다. 그래서야 문제가 본질적으로 해결되지 않는다. 우리는 이 주제와 정면으로 마주할 필요가 있다.

이 단편에서 못생김에 주목하는 이유는 작품의 주제가 부정적이라는 점과 관계가 있다. 실제로 F*라는 여자에 관한 이야기는 외모뿐만 아니라 사기꾼에 범죄자라는 내면의 추함으로 전개된다. 추한 외모는 표면적인 요소에 그치지 않고 내면과 존재 자체의 추함으로 이어진다.

하지만 아름다움과 못생김은 매우 상대적이며 주관적인 요소다. 특정 시대의 특정 문화권에서 아름다운 것이 꼭 다른 문화권에서도 아름다운 것은 아니다. 오히려 화자는 아름다움에 대해 다음과 같이 말한다.

"내가 아는 아름다운 여성 가운데 많은 이들이 자신의 아름답지 않은 부분—인간의 신체에는 반드시 그런 부분이 있는 법이다—에 불만과 짜증을 느끼며, 그 불만과 짜증으로 인해 마음이 항상 들볶이는 모양이었다."

화자는 일반적으로 아름답다고 여겨지는 사람도 자신의 아름답지 않은 부분을 신경 쓰며 그것에 집착한다고 서술한다. 요컨대 그 부분이 본인의 콤플렉스인 것이다. 한편 화자는 "어떤 못생긴 여자에게든 어딘가 아름다운 부분이 있다"라고도 말한다. 아름다움과 못생김은 지극히 주관적이어서 이를 받아들이는 방식에 불가사의가 있다. 화자는 이어서 다음과 같이 덧붙인다. "우리가 사는 세상의 모습은 이따금 관점 하나로 확 바뀐다."

아름다움과 못생김도 관점 하나로 바뀐다. 그렇기 때문에 '신체추형장애'라는 심리적 증상도 생겨나는 것이다. 이는 일본인의 전형적인 신경증으로 알려진 대인 공포증의 극단적 형태 중 하나다. 대인 공포증은 자의식에서 비롯되며, 남들이 자신을 보고 있거나 뒤에서 수군거린다고 생각해 사람이 무서워지는 증상이다. 실제로 남들이 보고 있는지, 혹은 뒤에서 수군거리는지는 알 수 없지만 대인 공포증은 이처럼 외부의 시선을 통해 자신을 부정적으로 인식함으로써 생겨난다. 그리고 그 극단적인 형태인 신체추형장애는 본인이 못생겼다거나 몸, 특히 얼굴의 특정 부분이 이상하다는 생각에 사로잡히는 병이다. 실제로 그렇게 호소하는 사람들을 만나 보아도 객관적으로 못생기거나 딱히 문제가 있는 것은 아니지만 본인은 심각하게 느낀다.

  한 마디로 아름다움과 못생김은 매우 주관적이며 상대적이다. 여기에는 개인적인 시각뿐만 아니라 문화적, 시대적 요소도 작용한다. 또 아름다움과 못생김을 바라보는 관점도 한편에서는 세계화로 인해 비슷한 시각이 퍼져 나가고 있고, 다른 한편에서는 다양한 시각이 생겨나 존중받고 있다. 이처럼 아름다움과 추함에 대한 관점은 양극화되고 있다고도 말할 수 있다.

나 자신의 모습으로

  화자는 일단 "자신이 못생겼다고 자각하고 있는 못생긴 여자는 그리 많지 않다"라고 말한 다음, "그녀는 정말이지 **심상치 않았다**" "그리고 그 **심상치 않음**은 나뿐만 아니라 적지 않은 사람들을 그녀의 주위로 끌어당겼다"라고 서술한다. 다시 말해 못생김은 아름다움과 마찬가지로 특별함의 징표이자 초월적인 무언가이며, 거기에 독특한 매력이 있다는 뜻이다. 그러므로 그녀는 많은 사람들을 끌어당긴다.

못생김은 스티그마*지만, 본디 기독교적 맥락에서는 스티그마가 '성흔'을 뜻하는 데서 알 수 있듯이 특별함의 징표이기도 하다. 우리가 아는 많은 이야기에서는 특별하다는 것을 못생김에서 아름다움으로의 전환으로 표현한다. 가령 안데르센의 동화 《미운 아기 오리》는 못생겼다고 여겨지던 아기 오리가 결국 아름다운 백조가 되는 이야기이며, 《미녀와 야수》에서는 흉측하고 무서운 야수가 사랑의 힘으로 마지막에 눈부신 왕자로 변한다. 하지만 실은 추한 존재로 등장하는 것 자체가 이들이 특별한 존재라는 암시일 수도 있다. 꼭 추하다는 부정적인 요소가 아름답다는 긍정적인 요소로 변한다고만은 볼 수 없다. 이 이야기들에서 아름다움이란 처음에는 추한 형태로 나타났던 특별한 존재가 본래의 자기 모습을 실현했음을 상징한다. 그런 뜻에서 추함은 특별함과 초월성을 겸비한다. 이 단편의 F*도 그런 면모를 갖추고 있었을 터다.

하지만 아름다움과 못생김은 표면에 얽매인 것이다. 영혼의 반짝임이나 영혼에 대한 관심은 표면에만 머무르지 않는다는 시각도 존재하며, 이는 심리 치료의 과정에서 생겨나기도 한다. 《카를 융, 기억 꿈 사상》 중 〈정신의학적 활동〉[21]에는 융이 정신병원에서 만난 여러 환자가 등장하는데, 이들을

---

* 낙인. 고대 그리스에서 노예, 범죄자, 반역자 등을 식별하기 위해 불에 지져 표식을 남기는 행위를 뜻하는 stigma에서 유래했으며, 이것의 복수형인 stigmata를 '성흔'이라고 한다.

통해 망상이나 이상하게 보이는 행동의 배경에는 이야기가 있다는 것을 알 수 있다.

예컨대 '바베트의 사례'에서는 한 여성 환자가 "난 로렐라이야" "나는 소크라테스의 대리인이지"라고 말한다. 하지만 융은 이를 단순한 망상으로 치부하지 않고 의미를 찾아낸다. "난 로렐라이야"라는 말의 기원은 독일 시인 하이네의 유명한 시 〈로렐라이〉였다. 이 시는 "그게 무슨 뜻인지 나는 알 수 없네"라는 구절로 시작하는데, 그것이 의사들이 그녀의 이야기를 듣고 나면 항상 내뱉는 말이었다. 의사들이 매번 그렇게 말했기 때문에 그녀는 자신이 로렐라이라고 믿어 버린 것이다. 한편 "나는 소크라테스의 대리인이지"는 "나는 소크라테스처럼 부당하게 고발당했어"라는 뜻이었다. 융의 말처럼 "이제까지 우리가 무의미하다고 여겨 온 것 중 다수가 그리 이상하지 않은" 것이다.

융이 프로이트에게 바베트의 사례를 이야기하자 프로이트는 이렇게 말했다. "융 선생, 당신이 이 환자에게서 발견한 점은 분명 흥미롭습니다. 하지만 이 못생긴 여자와 몇 날 며칠을 함께 보내는 걸 대체 어떻게 견뎠습니까?" 여기서 일상적인 미추美醜의 관점에 얽매인 프로이트와 미추를 초월해 영혼의 차원으로 접근한 융의 차이가 드러난다.

이와 비슷한 의미를 품고 있는 것이 일본 신화 가운데 고노하나사쿠야히메와 그 언니 이와나가히메의 이야기다. 자매의 아버지는 두 딸을 모두 니니기*와 결혼시키려 하지만, 니니기는 못생긴 언니 이와나가히메를 돌려보낸다. 이로 인해 인간에게 '바위'의 영원성이 사라지게 되었다고 한다.† 여기서도 인간 차원의 아름다움과 못생김, 또 그것을 초월하는 무언가가 암시된다. 아름다움과 못생김에도 두 가지 면이 있는 듯하다. 바로 일상적 판단에 얽매이는 아름다움과 못생김, 그리고 일상성을 초월하는 아름다움과 못생김이다.

첫인상과는 다른 매력

화자는 연주회 휴식 시간에 친구의 소개로 F*를 우연히 만난다. 그리고 그 첫인상을 다음과 같이 털어놓는다. "F*의 얼굴을 처음 봤을 때, 내 마음에 먼저 떠오른 생각은 당연히도 참 못생긴 여자라는 것이었다."

보통은 매우 못생겼다고 생각하는 상대와 만남을 거듭 이어 가지 않을 것이다. 하지만 화자는 어느새 "그녀의 추한 외

---

* 일본 신화 속 태양의 여신 아마테라스 오미카미의 손자로 일본 황실의 직계 조상으로 여겨진다.
† 이와나가히메는 바위와 영원성을, 고노하나사쿠야히메는 벚꽃과 번영을 상징한다. 니니기가 고노하나사쿠야히메만 선택한 탓에 이들의 후손인 천황가는 인간처럼 수명이 짧아졌다고 전해진다.

모에 나는 완전히 익숙해졌다"라고 말한다. 그만큼 그녀는 세련된 사람이었고, 대화 같은 것을 통해 매력이 뿜어져 나왔다. 게다가 이는 못생겼음에도 불구하고 뿜어져 나오는 매력이 아니라, "그녀의 강한 개성—또는 '흡입력'이라고도 칭해야 할 무언가—은 그야말로 그 심상치 않은 외모 때문"이라는 화자의 서술처럼 역설적으로 못생김에서 기인하는 매력이다. 어쩌면 "F*가 풍기는 세련됨과 그 못생긴 외모 사이의 커다란 낙차"가 그녀의 매력을 형성하고 있었는지도 모른다.

여기서 주목할 부분은 그녀의 못생김이 예컨대 코나 눈 같은 얼굴의 특정 부위에서 비롯되는 것이 아니라 전체적인 인상이라는 점이다. 은유가 전체적인 인상에 의한 것인 반면 무라카미 하루키는 기본적으로 환유적인 작가이므로, 그의 작품에서는 귀나 대머리나 푸른 반점과 같은 신체의 부분적 특징이 중요하게 다루어진다. 일테면 《양을 쫓는 모험》의 여자는 귀 전문 모델이고, 《태엽 감는 새 연대기》에는 뺨에 푸른 반점이 있는 인물이 등장한다. 그러나 "하나하나의 부위에는 딱히 결함 같은 게 없다"라는 묘사에서 볼 수 있듯이, F*의 못생김은 부분적이거나 환유적인 것이 아니다.

한편 두 사람은 곧 두 번째 만남을 가진다. 화자가 또 다른 연주회장에서 집으로 가는 길에 F*가 그를 발견하고 불러 세운 것이다. 우연은 두 번 생기면 필연이 된다. 한 번뿐인 만남은 진정한 만남이 되지 않는 모양이다. F*는 화자에게 함께 있던 자신의 친구와 다 같이 와인을 마시러 가자고 청한다. 술자리에서 친구가 때마침 걸려 온 전화를 받으러 자리를 비운 사이, 두 사람은 음악에 대해 이야기를 나눈다. 그리고 둘 다 피아노 연주곡을 좋아하며 그중에서도 특히 피아노 독주곡을 애호한다는 사실을 알게 된다.

이제까지 수차례 언급했듯이 만남에는 공유물이 중요하며, 공유물이 있어야 비로소 진정한 만남이 성립된다. 여기서는 피아노 연주곡, 특히 피아노 독주곡이 공유물이 되는 듯 보인다. 하지만 이는 취미나 취향을 공유하는 정도이기에 진정한 만남에 이르기에는 불충분할 수도 있다. 두 사람은 궁극의 피아노 연주곡으로 슈베르트의 피아노 소나타와 슈만의 피아노 작품을 꼽는 것에 의견의 일치를 본다. 나아가 그녀는 궁극의 피아노 연주곡 가운데 "딱 한 곡만 남긴다면 어떤 작품이 좋을까요?"라는 질문을 화자에게 던진다.

화자가 "딱 한 곡만?" 하고 되묻자 F*는 "그래요, 딱 한 곡만" 하고 대답한다. 이는 여태껏 살펴본 이야기들의 공유와 상당히 다르다. 일단 지금까지는 예컨대 디킨스의 소설 《황폐한 집》처럼 어쩌다 보니 그 당시에 고른 것, 그 자리에 있던 것이 우연히 일치하여 공유되거나 때마침 가지고 있던 책에 실린 단편(아쿠타가와 류노스케의 〈톱니바퀴〉)이 공유되었다. 한 마디로 공유에 우연의 요소가 강했던 것이다. 반면 여기서는 의도적으로 하나의 곡을 선택한다. 선택이란 긍정적으로 말하면 하나를 고르는 것이지만, 부정적으로 말하면 다른 모든 것을 부인하고 배제하는 행위다. 거기에는 선택된 한 가지에 대한 절대적인 헌신과 도박이 있다. 선택은 어쩌면 다른 것을 배제하고 하나를 골라야만 하는 승부의 순간인지도 모른다. 가와이 하야오의 《마음의 처방전》[22]에는 "백 점 말고는 안 될 때가 있다"라는 구절이 있는데, 그 말처럼 팔십 점으로는 안 되는 것이다. 심리 치료에서는 상담자가 백 점 말고는 허용받지 못하는 상황에 직면할 때가 있다. 백 점짜리 대답이 상대의 마음을 울리고, 그렇게 상대에게 무언가가 공유되어야 비로소 진정한 만남이 생겨나기 때문이다.

어떤 곡을 남길 것이냐는 질문에 화자는 곰곰이 생각한 끝에, 마침내 결심을 하고 "슈만의「사육제」"라고 말한다. 이에 F*는 곧바로 대답하지 않고 우선 "정말「사육제」여도 괜찮겠어요?" 하고 반문한 뒤, 마찬가지로 시간을 조금 둔 뒤 "당신은 꽤나 근사한 취향을 가졌군요. 그 용기에 감탄했어요. 좋아요, 나도 그렇게 할래요" 하고 대답한다. 그리고 "나도「사육제」는 옛날부터 무척 좋아했어요. 아무리 들어도 신기하리만치 질리지 않지요"라고 덧붙임으로써 두 사람은 의견의 일치를 본다. 이 단편에서는 이런 식으로 만남이 성립한다.

이 공유에는 의도적인 헌신과 도박이 있으며, 두 사람의 관계가 그 안에 포함되어 있다는 점 또한 중요하다. 이는 만남 앱이나 소개팅 앱에서 좋아하는 클래식 곡을 딱 하나만

고르라는 설문 조사를 실시해 결과가 일치하는 사람들끼리 만난 것과는 다른 종류의 만남이다. 화자는 F*라는 상대를 의식했기 때문에 슈만의 「사육제」를 골랐으며, 게다가 이 선택은 나중에 밝혀질 '가면을 쓴 존재' '표면을 찢고 나타나는 비일상성'이라는 F*의 본질과 은밀한 관련이 있다. 꿈은 기본적으로 마음의 자율적인 작용으로 생겨나지만, 심리 치료에서 다루는 꿈은 상담자와 내담자의 관계로부터 생겨난다고 볼 수 있다.

여기서의 공유도 어떤 곡을 우연히 공유하며 만남이 발생했다기보다, 두 사람의 관계를 심화시키는 요소로서 공유하는 곡이 생겨났다고 보는 편이 더 정확하다.

거리감을 유지하면서 깊어지기

「사육제」 한 곡만 남기는 것으로 의견의 일치를 본 뒤 본격적으로 시작된 두 사람의 관계는 "사적인 「사육제」 동호회 같은 것"이었다. "우리는 세 명의 피아니스트가 「사육제」를 연주하는 연주회에 갔고, 다 합쳐서 마흔두 장의 「사육제」 레코드와 CD를 들었다. 그리고 그 연주들에 대해 무릎을 마주하고 의견을 나누었다."

각자가 최고의 「사육제」 음반을 꼽아 보기도 했지만, 무엇보다 중요했던 점은 "우리가 사랑하는 음악에 대해 심도 깊은 이야기를 나누는 것이며, 열의를 품을 만한 무언가를 거의 아무런 목적 없이 공유하고 있다는 감각이었다"고 한다. 이러한 화자의 서술은 매우 암시적이다. 앞에서 공유에 대해 언급한 바와 같이, 여기서는 대상에 절대적으로 자신을 바치는 측면과 상대와 공유한다는 만족감의 측면이 둘 다 느껴지기 때문이다.

화자가 F*와의 공유를 소중히 여겼고, 또 자신보다 열 살쯤 어린 그녀와 잦은 만남을 가졌으니 "보통은 가정에서 한바탕 소란이 일어났겠지만" 화자의 아내는 "F*를 신경도 쓰지 않았다." 뿐만 아니라 "나와 F*가 성적인 관계를 맺을 수도 있다는 의심은 아내의 머릿속에 털끝만큼도 떠오르지 않는 모양이었다"라고 한다. 이 세상에는 만남으로부터 그런 전개가 펼쳐지는 일이 흔하며, 또 무라카미 하루키의 작품에서도 만남이 종종 성적인 관계로 이어지지만 두 사람 사이에는 그런 일이 없었다. 화자는 이를 그녀의 못생김이 가져다준 혜택으로 여긴다. 심지어 화자의 아내는 빈정거리는 말투로 F*를 "당신의 멋진 여자 친구"라고 부를 때도 있었다고 한다.

요컨대 못생긴 외모로 인해 상대에게 표면적인 관심을 가지지 않았기 때문에, 두 사람은 일상적 차원을 넘어 깊이 있는 관계를 맺을 수 있었다. 융 심리학에서는 꿈에 등장하는 이성상을 아니마 혹은 아니무스라고 부르며 이른바 영혼의 현현으로 여기고 중시한다. 가와이 하야오 역시 일본인의 꿈에 나타나는 여성상의 연약함 문제에 대해 연구했다. 또 가마쿠라 시대의 승려 묘에는 일본 승려로는 드물게 계율을 지켰기 때문에 '선묘의 꿈' 등에서 나타나는 것처럼 여성상을 심화시킬 수 있었다.[23]* 바꿔 말하자면 현실의 여성과 분리되어 거리를 두었기에 여성상과의 관계를 심화시킬 수 있었던 것이다. 유럽 중세의 궁정 연애는 현실적으로 불가능한 일이었으므로 문학으로 심화되었다. 화자와 F* 사이에도 불가능성과 거리감이 있었기에 관계가 깊어졌으며, 그래서 두 사람은 「사육제」의 본질을 탐구할 수 있었을 것이다. 이는 만남의 시간과 장소를 제한해 사적인 관계를 맺지 않도록 상담의 틀을 유지하며 마음의 깊은 차원으로 들어가는 심리 치료와 비슷하다.

"F*의 남편을 만난 적은 없다" "그녀는 자신의 과거에 대해서도 전혀 이야기하지 않았다"라는 대목에서도 두 사람의 관계가 개인적이거나 일상적이지 않다는 점이 드러난다. 그렇기 때문에 두 사람은 순수하게 음악의 세계를 추구할 수 있었다. 하지만 화자는 "음악 말고 다른 부분이라면 그녀는 나

---

* '선묘의 꿈'은 묘에의 꿈 일기 《유메노키夢記》에 등장하는 꿈 중 하나로 여성의 형상을 한 존재가 그 꿈에 나타났다고 한다. 이는 현실의 여성과 관계를 맺지 않았던 묘에가 꿈을 통해 무의식 속 여성의 이미지와 깊게 접촉한 것으로 해석할 수 있다.

에게 거의 수수께끼 같은 존재였다"라고 서술한다. 여기서 실현되는 것은 완전한 비일상성이며, 어떤 면에서는 심리 치료의 방법과도 유사하다. 그러나 심리 치료에서도 현실에 큰 관심을 두는 상담자와 별다른 관심을 두지 않는 상담자가 있다. 이른바 이미지라는 공유물에 초점을 맞추어 그것을 심화시키고자 하는 융 학파의 상담자는 현실에 그다지 관심을 가지지 않는 편이다.

마주하기 두려운 내면의 민낯

"이 음악에서는 이윽고 그의 내면에서 온갖 귀신으로 변할 것들이 차례로 얼굴을 내밀어. 마치 가볍게 인사라도 하는 양, 다들 유쾌한 카니발의 가면을 쓰고서. 주위에는 초봄의 불길한 바람이 불고 있어. 거기서는 모든 이가 피가 뚝뚝 떨어지는 고기를 대접받지. 사육제. 이건 바로 그런 종류의 음악이야."

F*는 이렇게 말한다. 가톨릭을 주로 믿는 독일의 지역에서는 사육제를 '파스나흐트Fasnacht'라고 한다. 단식 전야라는 그 뜻처럼 원래는 사순절 단식을 앞두고 진수성찬을 먹으며 흥겹게 즐기는 것이 이 축제의 기원이라는 설도 있고, 봄의 도래를 축하하는 기독교 전파 이전의 축제에서 유래했다는 설

도 있다. 스위스 루체른에서는 사육제 동안 광대가 왕이 되기도 하는데, 이처럼 이 기간에는 가치의 전도가 일어난다. 그래서 사람들은 일상에서 벗어나 가면을 쓰고 가장하여 평소와는 다른 존재가 된다.

사육제라는 축제에는 이 단편의 주제가 숨어 있다. 사육제에서는 가치가 전도되고 겉과 속이 뒤바뀌며 감추어져 있던 불길한 것이 모습을 드러낸다. F*는 이렇게 말한다.

"우리는 누구나 많든 적든 가면을 쓰고 살아가. 가면을 전혀 쓰지 않고 이 치열한 세상을 살아가기란 도무지 불가능하니까. 악령의 가면 아래에는 천사의 맨얼굴이 있고, 천사의 가면 아래에는 악령의 맨얼굴이 있지."

다시 말해 가면 아래에는 가면과 정반대의 것이 있어서 양자가 뒤바뀔 가능성이 있으며, 어느 한쪽만 존재하지는 않는다는 뜻이다. F*는 이어서 "슈만은 사람들의 그런 여러 가지 얼굴을 동시에 볼 수 있었어. 가면과 맨얼굴, 양쪽 다 말이야. 왜냐하면 슈만 자신의 영혼이 깊게 분열되어 있었으니까. 가면과 맨얼굴 사이, 그 숨 막히는 틈새에서 살아간 인물이잖아"하고 덧붙인다.

이 말을 들은 화자는 "그녀는 사실 '추한 가면과 아름다운 맨얼굴―아름다운 가면과 추한 맨얼굴'이라고 말하고 싶었는지도 모른다"라고 생각하며, 그녀가 자기 자신의 무언가에 대해 이야기하고 있음을 느낀다.

과연 그녀의 추한 가면 아래에는 아름다운 맨얼굴이 있었을까? 융 심리학에는 '페르소나'라는 개념이 있다. 이는 배우가 쓰는 가면에서 유래한 단어로 사람들이 사회에 대해 보여 주는 얼굴이나 모습을 뜻한다. 경찰이 입는 제복이나 의사가 걸치는 흰 가운이 그 전형적인 예시이며, 그것들은 경찰과 의사가 사회에 보여 주는 얼굴이다. 또한 그 가면 아래에는 그 사람의 내면에 해당하는 진짜 개인성personality이 숨겨져 있다고 본다. 하지만 이는 개인성에 대한 심리학의 지극히 서양적인 이해로 한계가 있다. 기게리히도 지적했듯이, 전근대 세계의 가면은 축제의 가면에서 알 수 있는 것처럼 얼굴을 감추는 물건이라는 의미를 넘어 신들의 출현까지 뜻했다.[24] 이처럼 사육제에서 쓰는 가면은 그 아래로 자신의 맨얼굴을 감추는 것뿐만 아니라 그것을 통해 다른 세계의 존재가 되어 나타나는 것, 양쪽의 의미를 지닌다고 본다. 그러므로 이 단편에서 말하는 가면도 단순히 개인성을 숨기는 물건이 아니라 반전의 의미를 담고 있다.

또한 "그녀는 사실 '추한 가면과 아름다운 맨얼굴―아름다운 가면과 추한 맨얼굴'이라고 말하고 싶었는지도 모른다"라는 대목에서 아름다움과 못생김의 문제가 다시 등장한다. "그러나 그녀와 자지 않았던 것은―그러니까 실제로 그럴 마음이 들지 않았던 것은―그 가면의 생김새 때문이 아니라 오히려 가면 안쪽에서 기다리고 있는 것을 마주하기가 두려웠기 때문인지도 모른다"라는 화자의 말은 중요한 고백이다. 무라카미 하루키의 작품에는, 일테면 《1Q84》의 소설가 지망생 덴고와 수수께끼의 소녀 후카에리의 만남처럼 성적 조우를 통해 다른 차원의 존재를 만나는 모티프가 자주 등장한다. 개인성에도 내면을 만들고 그 내면을 두려워하는 것은 근대적 자아이자 그야말로 일인칭 단수의 특징이다. 화자는 역시 아름다움과 추함을 초월한 지점에 있는 개인성의 내면에서 이루어지는 만남을 두려워했던 것인지도 모른다. 그런 의미에서 화자는 F*를 만나기는 했으나 실은 여전히 진정한 만남을 가지지 못했다고도 할 수 있다.

가면 아래의 평행 우주

한동안 F*에게서 연락이 없다. 화자는 새로운 「사육제」 CD를 두어 장 입수해 F*와 함께 들으려고 몇 차례 연락하지만 답신이 오지 않는다. 그러던 시기에 TV로 뉴스를 보던 화자의 아내가 화면에서 F*를 보고 화자에게 알려 준다.

"여성 아나운서가 F*의 본명을 말하며 대형 사기 사건의 공범으로 ○○서에 체포된 경위를 밝혔다. 보도에 따르면 사건의 주범은 그녀의 남편이며, 그는 며칠 전에 이미 체포되었다고 한다." 충격적인 소식이었다. 심지어 화자는 "그 남자의 외모가 너무나 수려한 것을 알고 말문이 막혔다." 두 사람은 자산운용 사기로 체포되었고 한다.

　여기서 화자가 F*를 만났을 때 보았던 것과는 전혀 다른 측면, 즉 화자가 몰랐던 F*의 부정적인 측면이 여실히 드러난다. F*와 깊고도 흥미로운 만남을 가지는 중이라고 생각했는데 그녀에게는 완전히 다른 가면과 얼굴이 있었던 것이다. 첫 만남이 아무리 본질적이었다 해도 그것은 순간적이고 부분적이기에 그때는 몰랐던 측면이 나중에 드러나는 경우는 흔하다. 또 어떤 만남은 시간의 흐름과 함께 이면을 보여 주는 관계로 전개되어 예기치 못한 형태로 변하는 경우도 있다. F*의 모습은 "추한 가면과 아름다운 맨얼굴"이라고 묘사되었지만, 추한 가면 아래에 있었던 것은 아름다운 얼굴이 아니라 사람을 속이고 범죄를 저지르는 한층 더 역겨운 얼굴이었다. 음악에 관한 고상하고 세련된 이야기를 나누던 눈부신 그녀에게는 그 모습과 대조적으로 남을 속여 돈을 긁어모으는 범죄에 가담하는 어두운 측면이 있었던 것이다.

　F*의 두 가지 모습은 평행 우주처럼 전혀 접점이 없어 보인다. 많이들 그러하듯이 전에는 몰랐던 상대의 면모를 만남을 거듭하는 사이에 불현듯 직접적으로 알게 되어 놀라는 경우와는 다르다. 또 취미나 사회활동 등에 관한 매우 고상하고 뜻깊은 대화를 나누며 가까워진 사람이 나중에는 점차 고액 기부 또는 다단계 판매 등을 강요하거나, 실은 자신의 재산을

노리고 있었다는 사실을 깨달아 당황하는 그런 흔한 이야기와도 거리가 있다. 그러니 뉴스를 본 화자의 아내가 "투자 이야기를 꺼내진 않았어?" 하고 화자에게 묻는 것도 당연한 일이다. 하지만 음악에서 투자로 화제가 넘어가거나 하는 일은 두 사람 사이에 전무했다. 그래서 화자는 그녀의 어두운 면을 마주한 적이 없었다. F*의 어두운 측면 역시 어디까지나 화자가 뉴스를 통해 안 것이지 직접적으로 경험한 것이 아닌데, 그 점이 이 이야기의 특징이라고 할 수 있다.

다른 사람을 통해 밝혀진 관계의 진실

이제까지 전혀 언급이 없었던 F*의 남편이 여기서 갑자기 등장한다는 점에도 주목할 만하다. 화자 부부를 중심에 두느냐 혹은 '여자 친구'라고 불린 F*와의 사이를 중심에 두느냐에 따라 두 사람의 관계에 대한 관점이 달라지겠지만, 어느 쪽이든 파트너의 불륜 상대나 또 다른 연인은 현실적으로는 매우 불쾌하고 성가신 존재다. 그러나 이 존재는 앞서 말했듯 심리학적으로는 흥미롭고도 의미심장한 대상이며, 꿈의 모티프로도 자주 등장한다. 파트너의 불륜 상대나 또 다른 연인은 대체로 파트너가 자신과는 다른 면을 기대하고 또 발견하는 대상이므로 자신에게는 없는 무언가를 지닌 경우가 많다.

따라서 이들이 꿈에 나타날 때는 지금의 자신에게는 없지만 앞으로 받아들여 발전할 가능성이 있는 부분을 상징한다. 이것은 융 심리학에서 말하는 '그림자'와도 관계가 있으며, 나아가 파트너에게 나와 관계없는 독자적인 세계가 존재한다는 것을 의미한다. 여기서는 F*의 남편이 사기꾼에다 미남이라는 점이 화자에게 없는 요소다.

앞서 살펴본 바와 같이 융은 심리 치료 관계나 커플 관계를 고찰할 때 결혼의 사위일체성을 중시했다. 연금술에서는 연금술사와 그 조수인 신비로운 여동생이 한 쌍으로 일을 하는 동시에, 그와는 다른 차원인 플라스크 속에서 일어나는 사건과 이를 이미지로 상징화한 왕과 왕비의 관계가 존재한다. 연금술 작업에서 중요한 것은 왕과 왕비의 결합이며, 그 관계에는 네 가지 인격이 관여하는 셈이다. 이를 치료 관계에 적용해 편의상 여성 내담자와 남성 상담자라고 치면, 그 자리에는 내담자와 상담자 그리고 각자의 무의식 속 남성상과 여성상까지 총 네 가지 인격이 존재하게 된다.

연금술과 마찬가지로 현실의 상담자와 내담자는 마음의 공동 작업은 수행하지만 직접적인 관계를 가져서는 안 되며, 각자의 여성상, 남성상과 이미지로 관계를 맺는 것이 중요하다. 이를 이 이야기에 적용해 보면 화자와 아내가 현실의 관계이고 F*는 화자의 무의식 속 여성상이라고 볼 수 있다. 「사육제」라는 곡을 공유함으로써 화자는 F*와 비일상적 세계로 들어간 줄 알았지만 사실 F*는 사기꾼 남편과 쌍을 이루어 더욱 비일상적인 세계에서 살아가고 있었고, 그것이 사기 사건을 통해 수면 위로 떠올랐다.

화자도 몰랐던 F*의 어두운 면모를 비록 TV 뉴스를 통해서이기는 하나 화자의 아내가 먼저 발견했다는 점도 인상적이다. 결혼의 사위일체성 도식을 적용하면, 화자가 F*와 비밀스럽고도 깊은 관계를 맺고 있는 것과 마찬가지로 이야기의 흐름상 화자의 아내 역시 무의식적으로 F*의 남편과 이어져 화자에게 그 어두운 면을 알려 준다고 할 수 있다. 화자와 F*의 관계에 대해 아내는 아무런 관심이 없었고 끼어들지도 않았지만 아내의 무의식은 F*의 남편과 연결되어 있었던 것이다.

또 이러한 F*의 어두운 측면은 여러 가지 의미로 근대적 일인칭 단수에 의문을 던진다. 프로이트를 비롯해 무의식을 전제한 심층심리학자들은 주체적이며 통합된 일인칭 단수가 가면 아래로 전혀 다른 인격을 지니고 있음을 폭로한 바 있다. 이들은 자아가 단일한 것이 아니라 의식과 무의식의 두 가지 층위로 구성되어 있다고 보았다. 또 두 사람의 관계에 「사육제」 같은 공유물이 끼어들면 관여하는 요소는 셋이 된다. 나아가 결혼의 사위일체성을 적용한 해석에서 밝혔듯이 최종적으로는 네 가지 인격이 관여하는 셈이다.

외모로 평가하고 싶지 않지만

　한동안 뉴스에 보도된 이후 F*는 화자의 앞에서 완전히 모습을 감춘다. 그러나 화자는 「사육제」를 연주하는 공연이 있으면 찾아가고 새로운 음반이 나오면 사서 평가하며 「사육제」를 계속 뒤쫓는다. 만나던 상대는 사라졌지만 공유하던 것은 이어진다는 점이 흥미롭다.

　그리고 나서 갑자기 "그보다 더 과거로 거슬러 올라가는 이야기"가 등장하고, 또다시 외모가 주제로 떠오른다. 화자는 대학생 때 딱 한 번 외모가 그저 그런 여자와 데이트를 한 적이 있다. 친구의 권유로 친구와 그의 여자 친구, 그 여자 친구와 같은 기숙사에 살던 여자, 그리고 화자까지 넷이서 더블데이트를 하고 가볍게 식사를 한 뒤 둘씩 짝지어 따로 시간을 보냈다. 화자는 여자와 공원 산책을 했고 이어 찻집에서 이야기를 나누었다. 그녀는 대학교 테니스 동아리에서 활동 중이었으며 어릴 적부터 테니스를 쳤다고 했지만 화자는 테니스를 쳐 본 적이 없었다. 또 화자는 재즈 이야기를 했으나 그녀는 재즈에 대해 거의 아무것도 몰랐다. 그래도 그녀는 열심히 재즈 이야기를 들어 주었다. 헤어질 무렵 그녀는 수첩의 빈 곳에 자신이 사는 기숙사의 전화번호를 적은 다음 그 페이지를 깔끔하게 뜯어 화자에게 건넸다. 이는 그녀 입장에서는 또 만나도 좋다는 마음의 표현이었을 것이다.

뒷날 친구가 "못생긴 여자애를 데려와서 미안해" 하고 사과했다. 이 말을 들은 화자는 그녀에게 전화를 걸어 봐야겠다고 생각했다. 아름다움과 못생김에 대한 그런 단순한 사고방식으로 사람을 평가하거나 인간관계를 정리하고 싶지 않았기 때문이다. 화자는 대화가 엇갈렸음에도 불구하고 그녀와의 만남에서 무언가 마음의 동요를 느꼈을 터다. 여기서도 미추의 문제를 뛰어넘고자 하는 의지가 엿보인다.

하지만 전화번호가 적힌 쪽지를 암만해도 찾을 수 없었던 탓에 화자는 결국 그녀에게 전화를 걸지 못한다. 이는 어떻게 해석해야 할까?

프로이트의 이론 중 '실수 행위'라는 개념이 있다. 프로이트는 실언이나 물건을 잃어버리는 것 등의 실수 행위는 단순한 우연이 아니며 거기에는 무의식적인 의도와 뜻이 있다고 보았다. 이 주장에 따르면 화자가 전화를 걸어 보려 했지만 전화번호가 적힌 쪽지를 잃어버린 것은, 의식적으로는 그녀에게 연락을 하려 했으나 무의식적으로는 다시 만나려 하지 않았기 때문이다. 한 마디로 두 사람은 진정으로 만나지 못했다. 앞에서 필연으로 이어지는 만남은 두 번 이상 이루어져야 성립된다고 말했는데, 그 두 번째 만남이 생겨나지 않았던 것이다.

이 이야기는 그야말로 만남 실패담이다. 두 사람은 대화를 나누려 했지만 여자는 테니스 이야기를, 화자는 재즈 이야기를 했기에 서로 공유하는 것이 없었다. 지금까지 거듭 강조했듯이 만남에는 공유물이 중요하다. 이 두 사람에게는 아쉽게도 공유하는 제3의 요소가 없었다. 하지만 이야기상으로는 공유물이 없었던 것보다 그녀가 아름답지 않았던 것이 더 중요한 요인처럼 비친다. 또 화자는 아름다움과 못생김에 판단 기준을 두는 친구의 사고방식을 바꾸려 했으나 끝내 성공하지 못했다.

과거의 이야기에서도 두 쌍의 커플이 등장한다는 점이 눈길을 끄는데, 이 역시 결혼의 사위일체성 도식을 적용하여 해석해 볼 수 있다. 친구와 그의 여자 친구는 당시 이어져 있었던 한 쌍으로, 이 관계는 화자와 더블데이트에 나온 여자, 즉 이어지지도 진정으로 만나지도 못한 한 쌍을 통해 보완된다. 만남과 관계는 만나지 못하고 연결되지 않는 관계를 통해 보완될 때 비로소 완전해진다고 암시하는 듯한데, 이 또한 만남의 부정적 측면을 보여 준다.

제 7 장

부끄러운 줄 아세요

만남은 타자와의 사이에서만 발생하는 것처럼 보이지만 실은 자기 자신과의 사이에서도 발생한다. 우리는 타자를 만남으로써 타자의 시선을 통해, 그것을 거울삼아 비로소 스스로를 만난다. 거울에 자신을 비춰 보면 대단하다거나 아름답다는 생각이 들기보다 미운 점이나 한심한 면을 발견하는 경우가 많다. 그러므로 그 만남은 필연적으로 부정적인 요소를 포함한다. 이 단편집의 표제작이기도 한 〈일인칭 단수〉에서는 제목에 걸맞게 예기치 못한 만남을 통해 본 화자 자신의 모습에 초점을 맞추고 있으며, 또 앞장에 이어 만남의 부정적 측면이 부각된다.

다른 나로 살아간다는 것

 화자는 "평소 정장을 입을 기회가 거의 없다"라고 한다. 그리고 "경우에 따라 캐주얼한 재킷을 걸칠 때는 있어도 넥타이까지 매지는 않는다"라고 덧붙인다. 이 대목은 화자가 자유로운 생활 방식과 직업을 가졌음을 보여 준다. 경찰이나 전철 기관사처럼 유니폼을 입는 직업도 많고, 또 유니폼까지는 아니더라도 정장 차림이 당연한 직종도 흔하다. 요즘은 지구 온난화의 영향도 있어서 특히 여름철 복장이 점차 가벼워지고 있지만, 통근 시간대에 전철을 타면 정장을 입은 남자가 많다는 것을 실감할 수 있다. 화자는 그런 복장 규정에 얽매이지 않는 자유로운 직업을 가지고 있을 것이며, 이는 화자의 사고 방식과 생활 방식도 자유롭다는 점을 암시한다.
 한데 화자는 "그러나 이따금, 딱히 그럴 필요도 없는데 자진해서 정장을 입고 넥타이를 맬 때가 있다"라고 말한다. 뿐만 아니라 "기왕 이렇게 정장을 입었는데 금방 벗는 것도 재미없고 하니 이 차림새로 밖에 좀 나가볼까라는 생각이 든다. 그렇게 나는 정장을 걸치고 넥타이를 맨 모습으로 홀로 거리를 걷는다. 나름대로 나쁘지 않은 기분이다. 표정이며 걸음걸이도 보통 때와는 약간 달라지는 느낌이다. 평소의 일상에서 벗어난 신선한 감각이다"라고 서술한다.
 이는 일종의 가장假裝이며, 복장을 바꿈으로써 "표정이며 걸음걸이도 보통 때와는 약간 달라지는 느낌"이 든다는 말처럼 평소와는 다른 자신이 되는 것이다. 그러나 앞서 언급한 사육제의 가장은 이와는 대조적으로 평소 일할 때 입는 옷과는 다른 복장을 하거나 심지어 피에로나 귀신 등의 분장을 함으로써 비일상을 실현하는 것이었다. 가령 평소에는 격식을 갖춘 정장에 넥타이를 매고 출근하는 회사원이 화려한 재킷을 입어 보거나 스포츠웨어를 걸쳐 보거나 경우에 따라서는 여장이나 캐릭터 코스프레를 하는 것 등을 예시로 들 수 있다. 융 심리학에서는 사회에 보여 주는 얼굴인 '페르소나'라는 개념이 있다고 앞서 설명했는데, 정장을 입고 넥타이를 매는 것은 유니폼을 입는 것과 마찬가지로 사회에 보여 줄 페르소나를 구현하는 방식일 터다. 반면 가장은 사회에 보여 주는 가면인 페르소나를 버리고 자신의 맨얼굴을 드러내거나 전혀 다른 비일상적 가면을 쓰는 것으로 볼 수 있다. 또한 페르소나는 사회에 보여 주는 얼굴인 만큼 그 얼굴을 보는 타자의 존재를 항상 전제한다.

그런데 화자의 가장은 오히려 통상적인 가장과는 정반대의 패턴을 그린다. 평소에는 느슨한 캐주얼 차림의 사람이 격식을 갖춘 정장을 입는 것이기 때문이다. 여기서는 가장의 의미가 뒤바뀌어 있다. 본디 가장이란 일상의 사회적인 모습을 버리고 비일상적 세계에서 노는 것인데, 반대로 이 화자에게는 사회에서 일반적으로 기대하는 모습을 하는 것이 가장이자 도리어 비일상이 된다. 사람들은 대체로 페르소나를 가지고 있으며, 그것에 얽매여 지내기 때문에 페르소나를 버리고 가장을 하고 싶어 한다. 그러나 이 화자는 페르소나가 없거나 페르소나가 약하고 느슨하다. 그래서 역설적으로 가장을 할 때 일반 사람들의 페르소나와 비슷한 것을 걸치게 된다.

텅 빈 일인칭 단수

보통은 정장을 입는 것이 업무나 상황에서 요구되는 적절한 모습을 갖춘다는 의미와 목적을 가지고 있는 반면, 화자의 경우 "딱히 그럴 필요도 없는데"라는 말처럼 업무 때문에, 혹은 격식 차린 파티나 연주회 같은 특정 상황으로 인해 정장을 입는 것이 아니다. 그러므로 화자가 정장을 입는 데는 아무런 필요성이나 의미가 없다. 이는 그저 변덕스러운 충동이자 자기만족적 행동일 뿐이다. 예컨대 여장에는 여성의 복장을 걸치거나 동경하는 여성의 모습과 비슷하게 꾸밈으로써 소망하던 존재가 되어 만족감을 얻으려는 심리가 작용한다. 반면 화자의 경우 딱히 그런 바람이 없다는 것이 특징이다. 격식을 갖춘 정장을 입는 직종을 선망하거나 그러한 정장 차림으로 참석하는 자리에 대한 동경이 있어서, 적어도 그런 복장이나마 걸쳐 보며 욕구를 채우려는 것이 전혀 아니다.

화자의 경우 정장을 입는 것은 그야말로 번덕스러운 자기 목적이자 자기만족이다. 거기에는 맥락이 빠져 있기에 정장을 입는 행위가 아무런 목적과 기대를 가지지 못한 채 공중에서 떠다닌다. 이는 정장을 입는 '나'가 떠다니고 있음을 뜻하며 뿌리를 내리지 않은 나, 다시 말해 속이 텅 빈 일인칭 단수를 상징한다. 지리학자 이-푸 투안의 서양사 연구에 따르면 애초에 일인칭 단수인 '나'라는 단어가 일기 등에서 빈번하게 등장하기 시작한 것은 유럽에서도 근대 이후이며,[25] 이는 근대적 의식과 근대적 자아의 특징으로 여겨진다. 일본어에서는 일인칭 단수가 본디 그리 많이 사용되지 않았고, 게다가 쓰일 때도 문맥이나 관계에 따라 여러 가지 다른 표현으로 바뀐다는 점에서 서구의 확립된 근대적 자아와 차이를 보인다. 서양에서 확립된 근대적 자아의 일인칭 단수는 바깥 사회를 향한 표면적 얼굴과 그 안에 숨겨진 내면을 동시에 지니고 있었다. 하지만 여기서 일인칭 단수는 바깥 사회를 향한 얼굴도 그 안에 숨겨진 내면도 없는, 말하자면 포스트모던적 의식의 특징처럼 떠다니고 있다.

화자는 "기왕 정장을 입었으니" 바깥으로 나가지만, "한 시간쯤 정처 없이 거리를 걷다 보면 신선함도 점차 옅어진다"라고 말한다. 공식적인 자리에 참석하는 등 어떤 목적을 가지고 정장을 입은 것이 아니므로 당연한 일이다. "정장을 입고 넥타이를 맨 것이 피곤해지면서 목 언저리가 근질거리고 가슴도 답답해진다." 이는 단지 정장 차림에 익숙하지 않아서만은 아니다. 아마도 화자의 마음속에는 쓸데없는 짓을 하고 있다는 심리적 저항감과 자기기만이 존재할 것이다. 자기 자신과의 불일치가 스스로를 피곤하게 만드는 것이다. 게다가 이 불일치는 자신이 원하지 않는 일을 억지로 하는 데서 기인한 것이 아니다. 기묘하게도 화자는 스스로 굳이 불일치를 만들어 내고 있다.

그렇게 화자는 집으로 돌아와 구두를 벗고, 정장을 벗고, 넥타이를 벗고, 평소의 편한 옷으로 갈아입은 뒤 늘어져서 안정을 찾는다. 그리고 정장을 입고 외출하는 행위에 대해 "불과 한 시간가량의 해를 끼치지 않는—적어도 나에게는 딱히 죄책감을 느낄 필요가 없는—비밀스러운 의식이다"라고 말한다. 물론 가장을 통해 평소와 다른 자신이 되는 것은 중요한 일일 수도 있다. 하지만 거기에는 신데렐라가 마법으로 아름다운 옷을 얻어 왕자가 초대하는 무도회에 참석하는 것과 같은 소망이나 목적이 없다. 의식은 처음에는 내실이 있어도 계속 반복하다 보면 의미를 잃고 껍데기만 남는 경우가 흔하다. 성인식 등이 그 전형적인 예일 것이다. 그러나 화자의 '비밀스러운 의식'은 처음부터 내실 없이 껍데기만 존재했다. 또 여기서 내비치는 자기기만과 피로감, 지금은 부정하는 죄책감은 이 이야기의 후반부 전개에 대한 복선을 형성한다.

가장과 죄책감, 그리고 위화감

어느 날 아내가 친구와 함께 중화요리를 먹으러 가서 화자는 집에 홀로 남겨진다. 다시 말해 일상의 맥락과 관계에서 벗어나 혼자가 된 것이다. 게다가 음악을 들어도 책을 읽어도 집중이 안 되고 뭘 하면 좋을지도 떠오르지 않는다. 우리는 매일 같은 시간에 일어나 직장과 학교에 가는 등 어느 정도 할 일이 정해져 있는 일상의 리듬 속에서 살아간다. 이는 우리가 누군가와 함께 생활하거나 약속된 장소로 가는 등의 인간관계 속에 놓여 있다는 뜻이다. 그러한 일상의 리듬과 관계는 속박인 동시에 일종의 보호막이기도 해서, 거기서 벗어나거나 공백이 발생할 때 이상하고 위험한 일이 마치 그 틈새로 숨어들 듯이 일어나기도 한다. 여기서 화자도 마찬가지다.

할 일이 없는 화자는 "오랜만에 정장이라도 입어 보자" 하고 생각한다. 그리하여 화자는 일상에서 벗어나 비일상의 세계로 들어간다.

몇 년 전에 산 폴 스미스의 다크 블루 슈트(필요해서 샀지만 아직 두 번밖에 입지 못했다)를 침대 위에 펼쳐두고 그에 맞춰 넥타이와 셔츠를 골랐다. 연회색 와이드 스프레드 셔츠와 로마 공항 면세점에서 산 에르메네질도 제냐의 자잘한 페이즐리 무늬 넥타이다. 전신거울 앞에 서서 정장을 입고 넥타이를 맨 내 모습을 비추어 봤다. 나쁘지 않다. 적어도 눈에 띄는 결점은 보이지 않는다.

요리든 옷이든 묘사가 세밀한 것은 하루키 소설의 특징이다. 이 이야기의 본질과는 별반 관련이 없음에도 불구하고 위와 같은 세밀한 묘사는 이야기에 현실성을 부여하며, 동시에 역설적으로 공허한 느낌도 자아낸다.

이날 화자는 거울 앞에 서서 "약간의 찜찜함이 포함된 위화감 같은 것"을 느낀다. 그것은 "자신의 경력을 꾸며 내어 살아가는 사람이 느낄 법한 죄책감과 비슷할지도 모른다." 하지만 화자 자신은 완전히 합법적인 일을 하며 살아왔으므로, "어째서 그런 죄책감 또는 윤리적 위화감을 느껴야 하는 걸까?" 하고 스스로에게 질문하며 그에 대한 반론을 펼친다.

앞에서 화자가 정장을 입는 행위는 아무런 목적이 없으므로 자기기만이기도 하다는 이야기를 했는데, 여기서 화자가 느끼는 죄책감은 그 연장선상에 있는 것으로 보인다. 가장을 할 때면, 아니 어떤 복장을 할 때라도 자기 자신과의 불일치는 당연히 발생한다. 축제에서 귀신 가면을 쓰거나 남자가 여장을 할 때뿐만 아니라, 융이 페르소나 개념에서 밝혔듯이 일 때문에 정장을 입는 경우에도 자신의 맨얼굴이나 평소의 모습과는 차이가 발생한다. 그러나 축제에서 귀신 가면을 쓰는 것에는 귀신을 구현하려는 본인의 마음과 귀신의 등장을 보고자 하는 관객의 기대가 있으며, 정장을 입을 때도 해당 업무나 장소가 요구하는 복장을 갖추려는 마음가짐이 있다. 그러나 화자가 정장을 입는 것에는 아무런 목적이나 주위의 기대가 없다. 이는 자신의 내면에서만 일어나는 독단적인 자기만족이며, 말하자면 공회전이나 다름없다.

  그러나 인간은 아무것도 없는 공백을 견디지 못한다. 애당초 할 일이 전혀 없는 것을 견디지 못했기에 화자는 가장으로서 정장을 입지만 오히려 공허한 감각을 더더욱 실감한다. 화자는 칵테일이나 마시기로 하고 바에 가서 보드카 김렛을 주문한 뒤 책을 읽는다. 하지만 화자는 독서에 집중하지 못한다. "내가 아까부터 줄곧 느낀 막연한 위화감 탓인 듯했다. 뭔가 미묘하게 **어긋난** 느낌이었다"라는 대목은 그 공백을 메우지 못하는 화자의 의식을 정확하게 묘사한다.

카운터 맞은편에는 갖가지 술병을 늘어놓은 선반이 있었다. 그 뒷면 벽은 커다란 거울이어서 그리로 내 모습이 비쳤다. 그것을 물끄러미 바라보자, 당연한 일이지만 거울 속 나도 이쪽의 나를 물끄러미 바라보았다. 그때 나는 문득 이런 감각에 휩싸였다―나는 어딘가에서 인생의 회로를 잘못 선택했는지도 모른다. 정장을 입고 넥타이를 맨 내 모습을 바라보는 사이에 그 느낌은 더더욱 강렬해졌다. 보면 볼수록 그것은 나 자신이 아니라 처음 보는 다른 누군가처럼 느껴졌다. 하지만 만약 내가 아니라면, 저기에 비친 건 대체 누구란 말인가?

자문은 이어진다.

만약 한 번이라도 다른 방향을 골랐다면 지금의 나는 아마 여기 없을 것이다. **그렇다면 이 거울에 비친 건 대체 누굴까?**

이런 위화감과 의문이 생기는 이유는 정장을 입는 행위나 정장을 입은 자신에게 아무런 목적과 맥락이 없기 때문이다. 당연하다면 당연한 일이다. 전철 기관사가 진짜 자신이 어떻든 간에 업무 시간에는 기관사이고자 하는 것처럼, 양측에 간극이 있다고 해도 우리는 자신이 사회에 보여 주는 얼굴과 어느 정도 동일화되어 있다. 그렇기에 역설적으로 원래의 자신과 임시적 자신 사이에도 관계가 생겨난다. 이러한 자기관계와 자기의식, 즉 자신과 자신의 관계는 근대적 의식의 특징이자 기반이다. 이를 바탕으로 자신을 돌아보는 심리 치료법이 있을 정도다. 그러나 여기서 정장을 입은 화자의 모습은 완전히 임의적이며, 이 임시의 자신에게는 어떠한 필연성도 없기에 고정점이 될 수 없다. 따라서 임시의 자신과 원래 자신 사이에서도 관계가 생겨나지 않는다. 이는 '나'를 향한, 다시 말해 일인칭 단수를 향한 의문을 더욱 깊게 만든다. 화자는 언제까지고 고정점 없이 떠다니는 포스트모던적 존재 방식을 견딜 수 없기 때문에 곧 어떤 상대와 맥락이 불려 나오게 된다. 그것이 바로 다음에 등장하는 여자다.

거울을 통해 상대를 바라보기

바에 앉아 있던 화자는 거울 속 자신에게 질문을 던지던 중 점차 머리가 어지럽고 혼란해져서 "책을 일단 옆고 거울에서 눈을 돌렸다." 이는 화자가 거울 속이든 책 속이든 자신의 좁은 내면에서만 맴돌기를 멈추고 바깥으로 나가고자 했다는 뜻이며, 획기적인 변화이기도 하다. 심리 치료에서도 허둥지둥 바깥에서 해결책이나 도움을 구하기보다는 자기 자신을 돌아보며 재점검하는 것을 중요하게 여긴다. 하지만 때로는 내담자가 본인의 좁은 내면에서만 빙글빙글 맴돌아 상담이 교착 상태에 빠지기도 한다. 그렇기 때문에 거기서 바깥으로 나가는 것이 우선일 때도 있다. 여기서도 화자가 내면에서 바깥으로 나감으로써 타자, 즉 한 여자를 발견한다. "빈 스툴 두 개를 사이에 둔 오른쪽 자리에는 한 여자가 앉아 이름 모를 연두색 칵테일을 마시고 있었다." 여자가 마시는 칵테일의 이름을 모른다는 것도 그녀가 화자에게 미지의 존재라는 점을 상징한다. 고정점 없이 떠도는 '나'가 의외의 형태로 누군가를 우연히 만나는 것은 하루키의 소설에서 초창기부터 매우 자주 등장했던 모티프다. 애초에 데뷔작《바람의 노래를 들어라》에서 쥐라고 불리는 남자와 화자의 만남도 그런 종류였다.

화자는 그 여자의 거울 속 모습을 은밀히 관찰한다. 여기서 화자가 실물이 아닌 거울에 비친 여자를 관찰한다는 점이 의미심장하다. 이는 물론 현실에서 일어난 일로 묘사되지만, 만약 꿈속 장면이라면 거울은 자신의 내면을 비춘다고 볼 수 있다. 즉 여자는 화자의 마음속 인물이라는 해석이 가능하다. 자신의 내면에서만 비좁게 맴돌다가 막다른 골목에서 밖으로 빠져나와 드디어 타인을 만난 줄 알았건만 또다시 자기 안의 세계에 갇힌 셈이다.

그런데 십오 분쯤 뒤 여자는 어느 틈에 화자의 옆자리 스툴로 이동해 있다. 이는 지금까지와 같이 거울을 통해 맺어진 관계가 아니다. 여기서 화자는 처음으로 타자를 직접 만났다고 볼 수 있다. 게다가 화자는 아무것도 하지 않는 수동적인 태도를 취하는 반면 상대는 적극적으로 다가온다. 여자는 "뭐 좀 여쭤봐도 될까요?" 하고 말을 건 다음부터 화자에게 계속 시비를 건다. 이 타자는 화자를 강하게 압박한다. 이것 역시 만남의 일종이기는 하나 로맨틱하게 설레지도 않고 하루키의 초기작에서 흔히 보는 장면처럼 섹슈얼하지도 않은 몹시 부정적인 만남이다. 그러나 사춘기에 자주 꾸는 동물이나 무서운 사람에게 뒤쫓기는 악몽처럼 타자는 일단 폭력적이고 부정적인 모습으로 나타나는 경우가 많다.

"그런 걸 하면 뭐가 즐겁죠?" 여자는 화자에게 뜬금없이 묻는다. 이 의표를 찌르는 도발적인 질문에 화자가 "그런 것"이 대체 뭐냐고 되묻자, 여자는 "멋 부리고 혼자 바 카운터에 앉아서 김렛을 마시며 말없이 독서에 열중하는 거"라고 대답한다. 화자는 "김렛이 아니라 보드카 김렛" 하고 사소한 것을 신경 쓰며 수정하지만 여자는 "뭐든 상관없어요. 그런 게 멋지다고 생각해요? 도시적이고 세련됐다고 생각하는 거냐고요." 하며 쏘아붙인다. 갑자기 나타난 타자는 화자가 정장을 입고 있는 것에 대해서도 비난을 퍼붓는다. 그리하여 부정적인 형태이기는 해도 비로소 정장을 통해 화자가 타자와 관계를 맺거나 만남을 가질 수 있을 것처럼 보인다.

내가 모르는 것을 아는 여자

여자는 처음부터 명백히 의도적으로 화자에게 시비를 걸었다. 그러므로 화자 자신도 말하듯이 이런 경우에는 딱히 얽히지 말고 얼른 자리를 뜨는 편이 상책일 것이다. 그러나 화자는 "실례지만 제가 당신을 뵌 적이 있던가요?" 하고 눈 딱 감고 상대에게 물으며 관계를 맺으려고 한다. 이에 대해 여자는 여전히 시비조로 **"뵌 적이 있던가요? 대체 어디서 그런 말이 나오는 거야?"** 하고 내뱉는다. 그 뒤 그녀는 "멋진 정장이

군요" 하고 빈정거린 뒤 한바탕 화자의 복장에 대한 감상을 늘어놓는다. 드디어 타자의 시선으로 본 화자의 정장이 화제에 오르지만 그 이야기는 별다른 진전을 이루지 못한다. 〈우연 여행자〉에서는 등장인물 각자가 읽고 있던 책으로부터 만남이 발생해 깊이를 더해간다. 그러나 여기서 정장은 두 사람 사이에서 본질적인 공유물이 되지 못하는 데다 화자가 읽던 책 역시 공유되지 않는다. 본디 화자가 자신이 입은 정장을 좋아해서 그 옷과 스스로를 동일화하는 것도 아니고, 본인이 읽던 책도 지루하다고 생각했으므로 설령 여자의 행동에 의해 그것들이 공유되더라도 두 사람의 만남이 깊어질 가능성은 낮다. 본인의 **관여도**가 낮으면 자신과 연관된 것이 상대에게 공유될 가능성은 거의 없다.

여자는 "당신은 아마 저를 **뵌 적**이 없을 거예요"라고 한 뒤, 자신은 화자와 직접적으로 아는 사이는 아니지만 "당신 친구의 친구"라고 말한다. 그런 다음 여자는 하고 싶었던 말을 화자에게 단숨에 퍼붓는다.

"당신의 그 친한 친구, 아니 **예전에 친했던** 친구는 지금 당신을 매우 불쾌하게 여기고 있고, 저도 그 친구와 마찬가지로 당신이 불쾌해요. 짚이는 데가 있을 거예요. 잘 생각해 봐요. 삼 년 전 어느 물가에서 있었던 일을. 거기서 자신이 얼마나 끔찍한 짓을, 얼마나 역겨운 짓을 했는지를. 부끄러운 줄 아세요."

이 비난을 듣고 화자는 서둘러 바를 떠난다. 그것은 "아무리 생각해도 기억에 없는 부당한 비난"이었다. 이 역시 순간적이며 강렬하기는 해도 매우 불쾌한 종류의 만남이다. 여자가 한 말은 화자에게 조금도 공유될 수 없었다. 물론 상대와 내가 동일한 일을 전혀 다르게 체험하고 받아들이는 것은 흔한 일이다. 예컨대 자신은 근사한 데이트라고 느꼈지만 상대는 너무나 지루했던 나머지 두 번 다시 만나고 싶어 하지 않을 수 있다. 업무 미팅이 잘 풀린 줄 알았는데 상대방은 정반대의 인상을 받기도 한다. 하지만 여기서는 애당초 삼 년 전 어느 물가에서 있었던 일이라는 것 자체가 화자의 기억에 전혀 없는 사건이다.

이처럼 자신이 한 일, 게다가 끔찍하고 역겨운 짓을 했다는 사실을 전혀 기억하지 못하는 게 실제로 가능할까?《해변의 카프카》에서 도쿄의 아버지로부터 뛰쳐나온 카프카 소년은 자신이 다카마쓰의 신사에서 피투성이가 되어 쓰러져 있다는 사실을 깨닫고, 같은 시각 아버지는 어떤 자에게 살해당한다. 경찰은 가출한 카프카 소년이 뭔가 사정을 알고 있으리라는 생각에 그를 추적한다. 과연 도쿄에서 멀리 떨어진 다카마쓰에 있던 카프카 소년의 분신이 아버지를 죽인 것일까? 심리학이나 정신의학에서는 이와 관련된 개념으로 도플갱어나 해리성 정체 장애가 잘 알려져 있다. 이 장애의 증상은 본인의 평소 모습과는 다른 인격이 자신이 전혀 모르는 사이에 어떤 행동을 하는데 그에 대해 조금도 기억하지 못하는 것이다. 중세 시대에는 이를 그 사람의 몸에 다른 영혼이 빙의한 것으로 여기기도 했다. 또《호두까기 인형》을 쓴 E. T. A. 호프만을 비롯해 많은 작가가 자아의 분열을 묘사했다. 〈일인칭 단수〉의 화자는 평소 정장을 입을 필요가 없다. 요컨대 자신을 얽매거나 고정할 필요가 없는 사람이라는 뜻이다. 게다가 전혀 그럴 필요가 없는데도 이따금 정장을 입어 보며 고정되지 않고 떠도는 모습으로 살아간다. 본인은 까맣게 몰랐지만 또 다른 자신이 역겨운 짓을 하고 다닐 가능성이 있다는 것은 이 사람의 존재 방식과 일치하는 듯하다.

 어쨌거나 자신이 모르는 만남이 과거에 존재했고, 심지어 그것이 물가에서 어떤 여성에게 저지른 역겨운 행위라면 이는 화자 내면의 위화감, 죄책감에 호응하는 것일 수도 있다. 본인은 전혀 기억이 없다지만 바에서 만난 여자의 "부끄러운 줄 아세요"라는 말로 미루어 봤을 때 화자에게는 그 일에 대한 책임이 있을지도 모른다.

몰랐던 자신과의 만남

 화자는 본인은 전혀 모르는 자신이 어떤 여성과 혐오스러운 만남을 가졌을 수도 있다는 사실을 난데없이 통보받는다.

〈사육제〉에서는 화자가 F*라는 여자에게 혐오스러운 면이 있다는 사실을 갑자기 알게 되어 깜짝 놀라지만, 여기서는 화자가 상대가 아닌 자신이 혐오스러운 짓을 했다는 지적을 받고 기겁한다. 보통 사람들은 상대라면 그럴 수 있어도 자신은 그럴 수 없다고 생각할 것이다. 지금까지 수차례 참고해 온 두 쌍의 관계로 구성된 결혼의 사위일체성 도식을 약간 변형시켜 살펴보며 여기서 어떤 일이 일어났는지 밝혀 보자.

〈사육제〉에서는 화자와 고상하고 아름다운 음악의 세계를 공유하던 F*가 그와는 상반되는 혐오스러운 면모를 지니고 있어서, 남편과 함께 사기 사건을 일으켜 체포당했다는 사실이 별안간 TV 뉴스를 통해 밝혀진다. 다시 말해 F*는 화자와 음악 취향을 공유하는 한 쌍과 남편과 사기 사건을 일으키는 한 쌍이라는 양쪽의 관계에 모두 속해 있으며 이 두 관계는 전혀 이어져 있지 않다. 그래서 화자가 만날 때 봤던 F*와는 완전히 다른 부정적인 모습이 나중에 폭로되는 것이다. 이를 매개한 것은 TV 뉴스이자 그 뉴스를 알려 준 화자의 아내다. 또 못생긴 여자로 묘사되는 F*는 외모와는 딴판으로 클래식 음악 애호가라는 고상하고 아름다운 측면을 화자와의 관계 속에서 드러낸다. 그러나 그 아름다움은 또다시 뒤집혀 범죄를 저지르는 추한 면모가 나타난다. 말하자면 만남에서 아름다움과 추함 사이의 이중 반전과 간극이 발생하는 것이다.

〈일인칭 단수〉에서는 화자가 바의 옆자리에 앉아 자신에게 의도적으로 시비를 거는 공격적인 여자를 만난다. 본인도 모르는 자신이 그 여자의 친구에게 역겨운 짓을 했다고 한다. 여기서도 바에서 만난 한 쌍과 삼 년 전 물가에서 만난 한 쌍이라는 두 가지 관계가 등장한다. 화자는 분명 이 두 관계에 공통으로 포함된 동일한 인물임에도 불구하고 두 관계는 화자의 내면에서 이어지지 않는다. 이어져 있는 것은 화자에게 본인도 모르는 과거의 사건을 전하며 그 일을 비난하는 바에서 만난 여자다. 〈사육제〉에서는 화자가 상대 여자의 혐오스러운 면을 마주하고 놀라는 반면, 여기서는 화자가 기억에 전혀 없는 자신의 혐오스러운 면을 마주해 경악한다. 평소 자유롭고 경쾌하게 살아가는 화자가 그럴 필요도 없는데 정장을 걸치고서 건실하고 성실한 모습을 가장하며, 게다가 역겨운 짓을 저질렀을 가능성이 있는 것이다. 이처럼 화자가 〈사육제〉의 F*와 마찬가지로 편안한 모습에서 경직된 모습으로, 나아가 더욱 혐오스러운 모습으로 반전에 반전을 거듭한다는 점도 눈길을 끈다.

　문제는 만남의 부정적 측면, 폭력적 측면이자 부정적 존재와의 만남이다. 만남은 낯선 존재와 관계를 맺는 일이다. 그래서 묻지 마 폭행까지는 아니더라도 상대가 부정적 존재일 수도 있다는 생각을 하지 못한 채 만날 가능성이 늘 존재한다. 화자는 자신에게 시비를 걸고 비난하는 여자에게 반론을 펼치거나 구체적인 설명을 요구하지 않았다. 그리고 그 이유에 대해 다음과 같이 말한다. "나는 아마도 겁이 났을 것이다. 실제의 내가 아닌 내가, 삼 년 전 '어느 물가'에서 어떤 여자—아마도 내가 모르는 누군 가—에게 저지른 역겨운 짓이 무엇인지 밝혀지는 것이." "그 리고 또 내 안에 있는 내가 까맣게 모르는 무언가가 그녀에 의 해 눈에 보이는 곳으로 끌려 나올 **수도 있다**는 것이."

"내 안에 있는 내가 까맣게 모르는 무언가"란 바로 물가의 만남과 바의 만남에서 끌려 나오려 했던 일인칭 단수 속에 숨겨진 어둠이자 만남의 배경에 깔린 부정적이고도 폭력적인 무언가일 것이다. 만남은 본인도 모르는 자기 자신을 마주하게 만들어 마음을 동요시킨다.

여기서는 화자가 여자에게 구체적인 설명을 요구하지 않았기에 역겨운 짓이 무엇인지 밝혀지지 않는다. 어쩌면 그것은 〈위드 더 비틀스〉에서 화자가 고등학교 시절 처음 사귄 여자친구인 사요코와의 사이에서 특별한 종소리가 나지 않았다는 이유로 그녀와 헤어진 것과 비슷한 사건인지도 모른다. 사요코는 그로부터 오랜 시간이 흐른 뒤 서른두 살에 두 아이를 남겨두고 스스로 목숨을 끊는다. 이 일은 화자와 그녀가 십 년도 더 전에 헤어진 것과 아무런 관계가 없을 수도 있다. 하지만 그녀의 오빠가 "사요코는 너를 가장 좋아했던 것 같아"라고 말한 것으로 미루어 보아 그 이별은 그녀에게 큰 사건이었을 가능성이 있다. 화자가 했던 말과 행동은 오랜 세월이 지난 후에도 그녀에게 잊히지 않는 몹시 '역겨운 짓'이었을지도 모른다.

문득 역겨운 나와 마주하다

화자는 바에서 만난 여자로 인해 자신의 기억 속에 전혀 없는 역겨운 자신을 마주한다. 일인칭 단수에게는 스스로 자각하지 못하는 어둠과 폭력성이 존재한다. 그러나 여자의 이야기는 실제로 일어난 일이 아니라 그녀 혹은 그 친구가 지어내고 조작한 것일 수도 있다.

심리 치료를 하다 보면 과거의 인간관계에 대한 이야기에서 항상 이러한 수수께끼가 등장한다. 상대의 입장에서는, 다시 말해 이 단편 속 화자의 입장에서는 평범하게 대했을 뿐인데 물가에서 만난 여자는 역겹게 느꼈을 수도 있다. 혹은 화자에게 짚이는 데가 없듯이 두 사람은 만난 적도 없을뿐더러 처음부터 모든 것이 그 여자의 머릿속에서 생겨난 망상일지도 모르며, 또 그것을 친구(화자가 바에서 만난 여자)에게 전하자 그녀가 덜컥 믿었을 뿐인지도 모른다. 심지어 원래 이야기와는 아무 관련 없이, 바에서 만난 여자가 그렇게 들었다고 착각해서 말을 지어냈을 수도 있다.

그러나 물가에서의 역겨운 사건이 실제로 일어난 일이 아니라 해도 그런 이야기가 반드시 의도적인 거짓이나 왜곡으로 만들어지지는 않는다. 그런 이야기는 본인들의 마음속에서는 어떤 진실성을 지닌다. 최근 가짜 뉴스나 딥페이크 영상처럼 근거 없는 이야기가 의도적으로 특정한 방향성을 가지고 만들어지고 또 사람들이 그것을 믿는 경우가 많아졌지만, 이 단편 속 이야기는 그처럼 의도적으로 꾸며 낸 거짓과는 분명히 구분된다. 물론 가짜 뉴스는 아무리 진실과 거리가 있다고 해도 사람들의 욕망이나 믿고 싶어 하는 심리에 부합하며, 그렇기 때문에 많은 이들이 믿는 것이기는 하다.

이 단편〈일인칭 단수〉에서도 양쪽의 가능성이 모두 존재한다. 다시 말해 화자 본인이 모르는 사이에 만남이 발생했을 수도 있고, 혹은 본인도 모르는 자신에 대한 이야기가 멋대로 만들어졌을 수도 있다. 이는 일인칭 단수의 불확실성을 이중의 의미로 보여 준다. 그러나 어느 쪽 가능성이든 화자에게는 자신에 대한 역겨운 이야기를 마주했다는 사실이 의미가 있다. 이는 고정점 없이 떠도는 포스트모던적 일인칭 단수의 어두운 면모를 날카롭게 지적하는 만남이다. "부끄러운 줄 아세요"라고 하면서 말이다.

나오며

 이 책에서는 무라카미 하루키의 《일인칭 단수》에 실린 각 단편을 중점적으로 다루며 그 안에 나타난 만남에 주목함으로써 만남이란 무엇인가를 탐구했다. 초기작 〈빵가게 재습격〉에서는 진정한 만남이 이루어지지 않은 채 엇갈림으로 끝나 공동체나 사람 사이의 연결이 상실된 세계가 그려졌다. 반면 그로부터 이십 년 뒤에 발표한 〈우연 여행자〉와 비교적 최근 나온 《일인칭 단수》에 실린 대부분의 이야기에서는 만남이 실현된다. 무라카미 하루키의 작품은 디태치먼트에서 커미트먼트로 이행했다고 보는 시각이 일반적이다. 이에 대응하듯이 초기작에서는 만남이 그야말로 디태치먼트로서 엇갈리는 경우가 많았던 반면, 이후의 작품에서는 커미트먼트가 강조됨에 따라 만남이 실현되는 방향으로 전개된다고 볼 수 있다. 하루키는 한 인터뷰에서 《일인칭 단수》에 대해 "'나는 아니지만, 내가 이랬을 수도 있는' 일인칭 관점을 지닌 인물들이 주인공"이라고 밝혔다.[26] 각각의 이야기에서 다양한 형태로 등장하는 주인공들은 그에 대응하는 여러 타자를 만난다. 그러므로 이 단편집은 일인칭 단수를 그렸다고도 할 수 있고, 또 그에 따른 만남의 다양한 양상을 그렸다고도 할 수 있다. 이 책에서는 일인칭 단수의 면모보다는 그가 만나는 타자 쪽에 초점을 맞추었다.

만남이 실현되려면 당연히 타자가 나타나야겠지만, 그와 동시에 두 사람 사이에 공유물이 생기는 것이 중요하다는 점도 여러 이야기에서 일관적으로 드러났다. 공유물은 작중 인물이 지은 단카, 아쿠타가와 류노스케의 단편 〈톱니바퀴〉, 디킨스의 장편 《황폐한 집》, 슈만의 피아노곡 「사육제」 등 예술 작품인 경우가 많았다. 이는 융 학파 심리 치료사의 입장에서 봤을 때 매우 흥미로우면서도 타당하게 여겨진다. 심리 치료는 흔히 내담자와 상담자 두 사람의 관계만으로 이루어진다고 생각하기 쉽다. 그러나 내담자가 꾸는 꿈과 모래 상자 등의 이미지, 내담자가 푹 빠져 있는 애니메이션이나 음악 등을 중시하는 융 학파의 심리 치료에서는 그야말로 예술적인 제3의 요소를 둘이서 공유하며 그 세계로 둘러싸이는 것이 치료적 만남이 된다. 또 그러한 제3의 요소에 의해 치료가 진전되어 내담자의 변화와 치유로 이어지기도 한다.

이 단편집에는 잘 풀리지 않은 관계가 다른 관계로 전환되어 그로부터 본질적인 만남이 생겨나는 이야기가 많다는 점도 주목할 만하다. 〈우연 여행자〉의 화자는 자신이 동성애자이기 때문에 쇼핑몰에서 만난 여자와 성적으로 가까워질 수 없었으나 그녀와 누나 사이의 공통점인 귓불의 점을 통해 누나와 관계를 회복한다. 〈크림〉의 화자는 참석하려 했던 연주회가 열리지 않아서 함께 피아노를 배운 소녀와 오랜만에 재회하는 데 실패하지만 집으로 돌아오는 길에 불가사의한 노인을 만나 심오한 말을 듣는다. 〈위드 더 비틀스〉의 화자는 데이트를 위해 여자 친구를 데리러 집으로 찾아갔으나 그녀가 없었기 때문에 그 오빠를 만나 아쿠타가와 류노스케의 단편을 낭독하고, 그로써 오빠의 내면이 치유된다. 또 첫 시작은 남녀의 연애 관계 비슷한 것이지만 상황이 예기치 못한 형태로 전환되어 다른 만남이 발생할 때는 그 상대가 또 다른 연애 대상이 아닌 누나, 노인, 여자 친구의 오빠와 같은 의외의 인물로 바뀐다는 점도 인상적이다. 하지만 이와 같은 만남의 전환은 그저 다른 관계로 끝없이 바뀌며 포스트모던적으로 흘러가지 않는다. 거기서는 만남이 회복되고 문제가 소멸되며 차원이 더욱 깊어진다. 하나의 사물 속에 모든 것이 들어 있으며 나아가 먼지 한 톨 속에 무수한 부처가 깃들어 있다는 화엄종의 가르침[27]처럼, 이 역시 만물은 원칙적으로 이어져 있으며 어느 한 점에서 깊은 차원으로 들어갈 수 있음을 암시하는 듯하다.

이렇게 보면 만남은 매우 아름답고 심오하며 구원으로 가득한 것만 같다. 하지만 마지막 두 장에서 다룬《일인칭 단수》속 두 단편은 부정적인 만남을 묘사하고 있다. 〈사육제〉에서는 우연히 흥미로운 만남을 가졌다고 생각한 상대가 실은 무서운 면모를 감추고 있었다는 사실이 나중에야 밝혀진다. 반면 〈일인칭 단수〉에서는 본인은 까맣게 몰랐으나 상대는 화자와의 만남을 역겹게 느꼈다. 멋진 만남에는 이면과 그림자가 존재한다. 그런 부분까지 포함해서 이 단편들은 만남의 지극히 본질적인 측면을 보여 준다.

※

이 책 또한 다양한 만남을 통해 세상에 나왔다. 물론 그중에서도 중요한 것은 작품과의 만남이었다. 〈우연 여행자〉를 읽었을 때는《도쿄 기담집》에 실린 작품 중에서도 특별한 리얼리티가 느껴져 충격을 받았다. 만남이 반드시 새로운 존재와의 조우는 아니며 이미 아는 사람과의 재회이기도 하다는 점에서도 흥미로운 이야기였다. 또 심리 치료사의 입장에서는 매주 화요일 같은 카페에서 만난다는 설정이 상담실의 만남과 현실의 만남을 떠올리게 했다.

소설가 겸 번역가 가라시마 데이비드 씨가 강사를 맡았던 NHK 라디오의 '영어로 읽는 무라카미 하루키'(2016)에 게스트로 나갔던 것도 작품과 재회하는 계기가 되었다. 물론 가라시마 데이비드 씨와의 만남도 무척 뜻깊었고 그로부터 많은 자극을 얻었지만, 그 방송에 출연하기 위해 작품을 다시 한 번 읽은 것이 나에게는 중요한 재회였다. 사람들은 종종 내게 "심리학자는 뭐든 심리적으로 분석하나요?" 하고 묻는데, 대체로 소설을 읽을 때 심리학적으로는 흥미롭다고 생각해도 자세히 분석하지 않는다. 그럴 때 내가 파악하는 것은 감각의 영역에 머무를 뿐 언어화되지는 않는다. 그러나 공적인 자리에서 이야기를 해야 하는 상황을 맞아 다시 한번 작품을 마주하자 암묵적으로 느꼈던 것이 언어화되었고, 그와 동시에 작품과의 재회가 이루어졌다.

〈빵가게 재습격〉에서 만남이 엇갈림으로 끝나는 원인으로 여겨졌던 것이 《일인칭 단수》에서는 대체로 절묘하게 해소되어 진정한 만남이 이루어진다. 이 단편집을 만난 것은 나에게 큰 기쁨이었다. 내 전작 《무라카미 하루키의 이야기―꿈 텍스트로 읽어 내기》를 뛰어넘는 사유가 생겨났음을 실감했고, 다행히 NHK 라디오와 NHK 문화센터의 강연에서 그에 대해 이야기할 기회를 얻었다. 모든 분의 이름을 일일이 적을 수는 없지만 그 과정에서 도움을 주신 분들께 감사드린다.

하지만 라디오와 강연에서 했던 이야기를 글로 옮기기 위해서는 또 하나의 단계가 필요했다. 덕분에 나는 또다시 작품과 새로운 재회를 하게 되었다. 내 인생을 돌아보면 그것이 뜻밖의 무수한 만남과 재회로 채워져 있다는 사실을 절감한다. 물론 그중에는 실패한 만남, 부정적인 만남도 있지만 말이다. 또 아사히신문출판의 오바 요코 씨를 만나지 않았다면 이 책은 세상에 나오지 못했을 것이다. 오바 요코 씨는 나의 인터뷰가 실린 책을 담당했던 인연으로 이 책의 주제와 관련된 나의 강의 등을 바탕 삼아 출판을 기획해 주셨고, 집필 중에도 귀중한 조언을 아끼지 않으셨다. 이 자리를 빌려 감사드린다.

옮긴이의 말

지나간 모두에게 커미트먼트의 여지가 있었다고 생각하면

 예전에 어떤 작가가 내게 하루키를 읽을 때 그 안의 수많은 메타포를 일일이 해석해 가며 읽느냐고 물은 적이 있다. 내 대답은 "그럴 리가요"였다. 나처럼 성미 급한 독자는 도무지 책장을 넘기던 손을 멈추고 메타포 하나하나의 의미를 곱씹을 수가 없기 때문이다. 또 사실 그냥 줄거리만 따라가도 하루키의 소설은 충분히 재미있다. 대신 다른 사람이 하루키를 분석한 글은 즐겨 읽는 편인데, 세간에는 나 같은 독자가 많은 모양인지 일본의 문예평론가 사이토 미나코의 말에 따르면 무라카미 하루키가 쓰지 않은 하루키 관련 단행본의 수는 50여 권에 달하며 잡지 게재 논문과 수필까지 포함하면 300편 이상이라고 한다.*

* 《문단 아이돌론》 14쪽, 43쪽, 사이토 미나코 지음, 나일등 옮김, 한겨레출판, 2017.

무라카미 하루키의 세계를 철저하게 분석해서 이해하고자 하는 사람과 스토리를 쫓아가는 것만으로 즐거운 사람. 사이토 미나코는 전자를 '게임 해설에 목숨을 건 소수의 마니아', 후자를 '다방 분위기를 즐기는 것만으로 만족하는 대다수의 손님'이라고 표현했는데* 실은 대다수의 손님도 스스로 해설을 하지 않을(못할) 뿐, 다른 사람의 게임 해설에는 흥미를 느끼며 기꺼이 귀를 기울일 것이다. 이 책 역시 하루키 팬이라면 구미가 당길 만한 내용으로 가득하다.

  내가 느끼기로 기존의 하루키 해설(비평)은 대체로 장편을 중심으로 시간의 흐름에 따른 작풍의 변화를 해설하거나 각 작품의 인물과 사건, 구성 등을 분석해 나가는 방식이 많았던 듯하다. 이때 해설자들은 종종 하루키 개인의 삶이나 동시대 일본 사회의 큰 사건(지하철 사린 사건, 한신 대지진 등)을 분석의 도구로 사용한다(외재적 방식). 반면 이 책은 단편, 그중에서도 주로 《일인칭 단수》의 수록작으로 분석 대상을 한정하며, "어디까지나 작품 속에서 그 의미를 파악해" 나가는 내재적 방식으로 이야기를 풀어 나간다. 게다가 포커스는 오직 '만남'에만 맞추어져 있다. 말하자면 저자는 숲 바깥에서 전체를 내려다보기보다는 숲속을 걸으며 나무 열매나 잎 모양의 변화를 관찰하는 방식을 채택했다고 할 수 있다. 이는

---

* 앞의 책, 22쪽.

아마도 저자가 문학 비평가가 아니라 심리학자이기에 가능한 발상일 것이다.

이쯤에서 저자의 아버지 가와이 하야오를 잠시 소개하고 싶은데, 그는 융 심리학을 일본에 최초로 소개한 심리학자이자 이 책에 수시로 등장하는 '모래놀이 치료'를 일본에 도입한 인물이다. 무라카미 하루키와 가와이 하야오는 1994년 미국 프린스턴 대학에서 처음 만났고, 이때 하루키는 '숨통이 트이는 듯한 치유의 느낌'을 받았다고 한다. 이후 각자 일본으로 돌아간 두 사람은 교토에서 재회해 대담을 나누었고, 그때 나눈 대화를 바탕으로 《하루키, 하야오를 만나러 가다》*라는 책을 냈다. 두 사람의 정신적 교감은 아마도 하루키에게 적지 않은 영향을 주었을 것이며, 하루키는 가와이 하야오와의 대담에서 이 책의 주요 키워드이자 그의 작품 세계를 말할 때 빼놓을 수 없는 개념인 '디태치먼트'와 '커미트먼트'를 직접 언급하기도 했다.

아버지 가와이는 2007년에 세상을 떠났지만, 아버지와 마찬가지로 융 심리학을 전공한 아들 가와이는 마치 아버지에게 배턴을 넘겨받은 것처럼 심리학자의 눈으로 하루키의 작품을 분석한 책을 연이어 발표하며 그와의 인연을 이어가고 있다.

* 고은진 옮김, 문학사상, 2018.

이 책에서 저자는 진정한 만남이 이루어지려면 공유물이 있어야 하며, 만남의 주체는 그 관계나 공유 대상에 '커미트먼트'해야 한다고 거듭 말한다. 그리고 자신의 주장을 뒷받침할 근거로《일인칭 단수》속 실패한 만남과 성공한 만남의 예시를 나열하며 고개를 끄덕일 수밖에 없는 설명을 덧붙인다. 고백하건대 나는 무라카미 하루키의 단편들을 무척 좋아하지만《일인칭 단수》만큼은 왠지 정이 가지 않았다. 무언가 마음을 건드리는 지점이 부족하다고 느꼈고, 인물들의 행동에 수수께끼가 너무 많아서 공감을 할 수도, 호감을 줄 수도 없었다. 그런데 이 책을 번역하면서 깨달은 바가 있다. 저자의 언어로 말하자면 나는《일인칭 단수》에 충분히 헌신(커미트먼트)하지 못했던 듯하다. 어쩌면 나는 머리를 감싸 쥐고 사요코가 왜 스스로 목숨을 끊었는지 생각해 보고(〈위드 더 비틀스〉), 소녀가 무슨 이유로 주인공에게 가짜 연주회 초대장을 보냈는지 생각해 보고(〈크림〉), 어째서 화자가 바에서 일면식도 없는 여자에게 호된 비난을 당한 것인지(〈일인칭 단수〉) 생각해 봤어야 했는지도 모른다. 그렇게 생각을 끝까지 밀어붙여 본 뒤 그래도 납득되지 않는 부분이 있다면 그때《일인칭 단수》를 책장 구석으로 밀어 놓아도 괜찮았을 것이다. '다방 분위기'조차 즐기지 못했다면 그 이유가 책에 있는지, 아니면 책을 읽는 나 자신에게 있는지 곰곰이 들여다볼 일이었다. 이는 당연히 책과의 만남에만 적용되는 이야기가 아니다. 자기도 모르는 사이에 멀어진 상대, 충분히 헌신하지 못했던 대상, 피상적인 관계로 끝나버린 사람들. 그 모두에게 '커미트먼트'의 여지가 있었을지도 모른다고 생각하면 등 뒤로 식은땀이 흐른다. '우리의 목을, 겨울 달빛이 비치는 차가운 돌베개에 올려놓'을 각오를 해 보지도 못한 채 인생은 성큼성큼 지나간다. 이 얼마나 아쉬운 일인가.

무라카미 하루키는 한 인터뷰에서 이렇게 말했다. "우리는 언제나 엇갈립니다. 서로를 이해할 수는 있지만 대부분의 경우 거리는 남습니다. 교차하고 헤어지면서 계속 앞으로 나아가고, 만남의 근사한 기억과 함께 살아갑니다. 꼭 두 개의 인공위성이 서로의 궤도를 우주 공간 속에서 뒤쫓는 것처럼. 우리는 만나고, 이어지고, 추억을 공유하고 헤어집니다. 그 추억은 우리의 마음을 따스하게 데우고 용기를 줍니다. ……좋은 이야기와 좋은 책은 그걸 위해 존재합니다."* 어쩌면 하루키 자신도 '그걸 위해' 소설을 계속해서 쓰는 게 아닐까. 자신의 소설을 매개로 사람들이 진정한 만남을 이루고, 또 그 만남이 따스한 추억이 되는 것 말이다. 물론 이때 그 나름의 '커미트먼트'가 필요하리라는 점은 두말할 필요도 없다.

번역 작업을 끝내고 《일인칭 단수》와 《빵가게 재습격》을

---

* 《꿈을 꾸기 위해, 나는 매일 아침 눈을 뜹니다夢を見るために、每朝僕は目覚めるのです》116p, 무라카미 하루키, 분게이슌주, 2010.

다시 읽어 보았다. 만남이라는 렌즈를 통해 들여다본 하루키의 단편들은, 당연한 이야기지만 예전과는 사뭇 다른 형태와 의미로 다가왔다. '게임 해설에 목숨을 건 마니아'까지는 못 되더라도 다른 사람의 시각을 빌려 하나의 작품을 진득하게 파고들어 보는 것. 만약 행운이 따른다면 얼핏 무용해 보이는 그러한 작업이 인생의 '크림'이 될 수도 있다. 독자 여러분이 그런 '크림'을 만드는 데 모쪼록 이 책이 도움이 되기를 바란다.

2025년 여름

이지수

미주

들어가며

1 가와이 도시오, 《무라카미 하루키의 이야기 ─ 꿈 텍스트로 읽어 내기》, 신초샤, 2011.

프롤로그

2 볼프강 기게리히, 《심리 치료에서 무엇이 치유하는가?》, 다나카 야스히로 옮김, 소겐샤, 2024.

3 조르조 아감벤, 《바틀비 ─ 우연성에 대하여(신장판)》, 다카쿠와 가즈미 옮김, 게쓰요샤, 2023.

4 오사와 마사치, 〈마음의 신시대 ─ 무조無調의 세계에서 일한다는 것은?〉, 《모래 놀이 치료학 연구》 31권 제1호, 79~97쪽, 2018.

5 Jung, C.G., "The State of Psychotherapy Today," in *The Collected Works of C.G. Jung*, Vol. 10, Civilization in Transition, par. 367, Princeton University Press, 1964.

제1장

6 C. G. 융 · W. 파울리, 《자연 현상과 마음의 구조 ─ 비인과적 연관의 원리》, 가와이 하야오 · 무라카미 요이치로 옮김, 가이메이샤, 1976.

7 Jung, C.G., "The Psychology of the Transference," in *The Collected Works of C. G. Jung*, Vol. 16, The Practice of Psychotherapy, par. 427, Princeton University Press, 1966.(C. G. 융,《전이의 심리학(신장판)》, 하야시 미치요시·이소가미 게이코 옮김, 미스즈쇼보, 2016.)

8 Jung, C.G., "The Psychology of the Transference," in *The Collected Works of C. G. Jung*, Vol. 16, The Practice of Psychotherapy, par. 437, Princeton University Press, 1966.

제2장

9 가와이 도시오,《무라카미 하루키의 이야기─꿈 텍스트로 읽어 내기》, 신초샤, 2011.

10 Jung, C.G., "The Psychology of the Transference," in *The Collected Works of C. G. Jung*, Vol. 16, The Practice of Psychotherapy, par. 399, Princeton University Press, 1966.

제3장

11 가와이 도시오,〈대인 공포에서 발달 장애까지─주체 확립을 둘러싸고〉, 가와이 도시오 편저,《발달 장애에 대한 심리 치료적 접근》, 소겐샤, 2010.

제4장

12 가와이 하야오,《가와이 하야오와 아이의 눈─〈토끼 굴〉로부터의 발신》, 소겐샤, 2019.

13 루돌프 오토,《성스러운 것》, 히사마쓰 에이지 옮김, 이와나미문고, 2010.

14 나카이 히사오,《조현병과 인류〔신판〕》, 도쿄대학출판회, 2013.

15 가사하라 요미시,《정신병과 신경증》, 미스즈서방, 1984.

16 다나카 야스히로,〈성인의 발달 장애에 대한 심리 치료적 접근〉, 가와이 도시오 편저,《발달 장애에 대한 심리 치료적 접근》, 소겐샤, 2010.

17 기무라 빈, 《시간과 자신》, 주코신서, 1982.
18 후지마키 루리, 〈40대 신경증 남성과의 심리 면접—이미지로 본 신체 증상〉, 가와이 도시오 편저, 《융 학파 심리 치료》, 미네르바서방, 2013.

제5장

19 무라카미 하루키, 《직업으로서의 소설가》, 신초문고, 2016. (한국어판: 《직업으로서의 소설가》, 양윤옥 옮김, 현대문학, 2016.)
20 C. G. 융·A. 야페 편저, 《융 자서전 2—기억, 꿈, 사상》, 가와이 하야오 외 옮김, 미스즈서방, 1973.

제6장

21 C. G. 융·A. 야페 편저, 《융 자서전 1—기억, 꿈, 사상》, 가와이 하야오 외 옮김, 미스즈서방, 1972.
22 가와이 하야오, 《마음의 처방전》, 신초문고, 1998.
23 가와이 하야오, 《묘에—꿈을 살다》, 고단샤+α문고, 1995.
24 Giegerich, W. "The lesson of the mask" In: Giegerich, W. *The Neurosis of psychology:Collected English papers* Vol 1, pp.257-262.

제7장

25 이-푸 투안, 《개인 공간의 탄생—식탁·가옥·극장·세계》, 아베 하지메 옮김, 지쿠마학예문고, 2018.

나오며

26 마이니치신문, 「무라카미 하루키를 둘러싼 메모랜덤: 최신 단편집에서 들리는 음악」, 2020년 7월 26일자.
27 가마타 시게오·우에야마 신페이, 《무한의 세계관 '화엄'(불교의 사상 6)》, 가도카와소피아문고, 1996.

참고 문헌

- 아쿠타가와 류노스케, 《갓파 · 어느 바보의 일생》, 신초문고, 1968.
- 로렌스 판 데르 포스트, 《전장의 메리 크리스마스: 그림자의 지옥에서(영화판)》, 유라 기미요시 · 도미야마 다카오 옮김, 신시사쿠샤, 2009.
- 미하엘 엔데, 《모모》, 오시마 가오리 옮김, 이와나미소년문고, 2005. (한국어판: 《모모》, 한미희 옮김, 비룡소, 2024.)
- 루돌프 오토, 《성스러운 것》, 히사마쓰 에이지 옮김, 이와나미문고, 2010.
- 가마타 시게오 · 우에야마 신페이, 《무한의 세계관 '화엄'(불교의 사상 6)》, 가도카와소피아문고, 1996.
- 가와이 도시오, 《무라카미 하루키의 이야기—꿈 텍스트로 읽어 내기》 신초샤, 2011
- 가와이 도시오, 《꿈과 마음의 오래된 층》, 소겐샤, 2023.
- 가와이 도시오 편저, 《발달 장애에 대한 심리 치료적 접근》, 소겐샤, 2010.
- 가와이 도시오 편저, 《융 학파 심리 치료》, 미네르바서방, 2013.
- 가와이 하야오, 《묘에—꿈을 살다》, 고단샤+α문고, 1995.
- 볼프강 기게리히, 《심리 치료에서 무엇이 치유하는가?》, 다나카 야스히로 옮김, 소겐샤, 2024.
- 찰스 디킨스, 《황폐한 집》(1~4), 사사키 도루 옮김, 이와나미 문고, 2017. (한

국어판:《황폐한 집》, 정태륭 옮김, 동서문화사, 2014.)
- 이-푸 투안, 《개인 공간의 탄생—식탁·가옥·극장·세계》, 아베 하지메 옮김, 지쿠마학예문고, 2018.
- 나쓰메 소세키, 《산시로》, 이와나미문고, 1990. (한국어판:《산시로》, 송태욱 옮김, 현암사, 2014.)
- 요한 볼프강 폰 괴테, 《젊은 베르테르의 슬픔》, 다케야마 미치오 옮김, 이와나미문고, 1978. (한국어판:《젊은 베르테르의 슬픔》, 박찬기 옮김, 민음사, 1999.)
- 무라카미 하루키, 《1Q84》(BOOK 1~3), 신초문고, 2012. (한국어판:《1Q84》(1~3), 양윤옥 옮김, 문학동네, 2009~2010.)
- 무라카미 하루키, 《일인칭 단수》, 분슌문고, 2023. (한국어판:《일인칭 단수》, 홍은주 옮김, 문학동네, 2020.)
- 무라카미 하루키, 《해변의 카프카》(상·하), 신초문고, 2005. (한국어판:《해변의 카프카》(1·2), 김춘미 옮김, 문학사상, 2024.)
- 무라카미 하루키, 《기사단장 죽이기》(1~4), 신초문고, 2019. (한국어판:《기사단장 죽이기》(1·2), 홍은주 옮김, 문학동네, 2017.)
- 무라카미 하루키, 《4월의 어느 맑은 아침에 100퍼센트의 여자를 만나는 것에 대하여》, 분쿄문고, 2015. (한국어판:《4월의 어느 맑은 아침에 100퍼센트의 여자를 만나는 것에 대하여》, 임홍빈 옮김, 문학사상, 2009.)
- 무라카미 하루키, 《직업으로서의 소설가》, 신초문고, 2016. (한국어판:《직업으로서의 소설가》, 양윤옥 옮김, 현대문학, 2016.)
- 무라카미 하루키, 《스푸트니크의 연인》, 고단샤문고, 2001. (한국어판:《스푸트니크의 연인》, 임홍빈 옮김, 문학사상, 2024.)
- 무라카미 하루키, 《도쿄 기담집》, 신초문고, 2007. (한국어판:《도쿄 기담집》, 양윤옥 옮김, 비채, 2014.)
- 무라카미 하루키, 《태엽 감는 새 연대기》(제1부~제3부), 신초문고, 1997. (한국어판:《태엽 감는 새 연대기》(1~3), 김난주 옮김, 민음사, 2020.)

참고 문헌

- 무라카미 하루키,《노르웨이의 숲》(상·하), 고단샤문고, 2004. (한국어판:《노르웨이의 숲》, 양억관 옮김, 민음사, 2017.)
- 무라카미 하루키,《빵가게 재습격》, 분슌문고, 2011. (한국어판:《빵가게 재습격》, 권남희 옮김, 문학동네, 2014.)
- 무라카미 하루키,《양을 둘러싼 모험》(상·하), 고단샤문고, 2004. (한국어판:《양을 쫓는 모험》(상·하), 신태영 옮김, 문학사상, 2021.)
- C. G. 융,《전이의 심리학(신장판)》, 하야시 미치요시·이소가미 게이코 옮김, 미스즈쇼보, 2016.
- C. G. 융·A. 야페 편저,《융 자서전 1─기억, 꿈, 사상》, 가와이 하야오 외 옮김, 미스즈서방, 1972. (한국어판:《카를 융, 기억 꿈 사상》, 조성기 옮김, 김영사, 2007.)
- C. G. 융·A. 야페 편저,《융 자서전 2─기억, 꿈, 사상》, 가와이 하야오 외 옮김, 미스즈서방, 1973. (한국어판:《카를 융, 기억 꿈 사상》, 조성기 옮김, 김영사, 2007.)
- 어슐러 K. 르 귄,《게드 전기》(전 4권), 시미즈 마사코 옮김, 이와나미소년문고, 2009. (한국어판:《어스시 전집 세트》, 이지연·최준영 옮김, 황금가지, 2015.)
- 조앤 G. 로빈슨,《추억의 마니》(상·하), 마쓰노 마사코 옮김, 이와나미소년문고, 2003. (한국어판:《추억의 마니》, 안인희 옮김, 비룡소, 2014.)

옮긴이 이지수

무라카미 하루키의 책을 원서로 읽기 위해 일본어를 전공한 번역가.《사는 게 뭐라고》《죽는 게 뭐라고》《영화를 찍으며 생각한 것》《헤븐》《사랑인 줄 알았는데 부정맥》《생의 실루엣》《스프링》등 수십 권의 에세이와 소설을 우리말로 옮겼고, 《아무튼, 하루키》《우리는 올록볼록해》《내 서랍 속 작은 사치》《사랑하는 장면이 내게로 왔다》(공저)《읽는 사이》(공저)를 썼다.

하루키는 언제나 만남을 이야기했지

초판 1쇄 발행 | 2025년 8월 29일

지은이	가와이 도시오
옮긴이	이지수
책임편집	양하경
디자인	윤철호
펴낸곳	(주)바다출판사
주소	서울시 마포구 성지1길 30 3층
전화	02-322-3675(편집) 02-322-3575(마케팅)
팩스	02-322-3858
이메일	badabooks@daum.net
홈페이지	www.badabooks.co.kr
ISBN	979-11-6689-371-1 03830